人生百味，快樂萬歲

紫熊局

아적쾌락 북경생활

나의 ○○○ 02

아적쾌락 북경생활

1판1쇄 | 2024년 3월 18일

지은이 | 박현숙
펴낸이 | 안중철, 정민용
편   집 | 윤상훈, 이진실, 최미정

펴낸 곳 | 후마니타스(주)
등록 | 2002년 2월 19일 제2002-000481호
주소 | 서울 마포구 신촌로14안길 17(노고산동) 2층
전화 | 편집_02.739.9929/9930 영업_02.722.9960 팩스_0505.333.9960

블로그 | blog.naver.com/humabook
트위터, 페이스북, 인스타그램 | humanitasbook
이메일 | humanitasbooks@gmail.com

제작 | 천일문화_031.955.8083 일진제책_031.908.1407

값 17,000원

ⓒ 박현숙, 2024
ISBN 978-89-6437-446-7 04300
      978-89-6437-417-7 (세트)

나의
○○○
02

아적쾌락
북경생활

나의 베이징 이야기

박현숙

후마니타스

차례

제2부 가난이라는 병

제3부 몰래 눈물 한 방울

제4부 겨울이 오면 나는 원명원에 간다

| 일러두기 |

1. 이 책은 필자가 『한겨레21』에 연재한 글들 가운데 일부를 수정해 엮었다.

2. 단행본, 정기간행물에는 겹낫표(『』), 보고서, 기사, 논문 등에는 홑낫표(「」), 법령, 온라인 매체, 방송 프로그램, 영화, 노래 등에는 홑화살괄호(〈 〉)를 썼다.

3. 저자의 첨언이 필요할 때 본문에서는 ( ), 인용문에서는 [ ] 안에 넣었다.

4. 중국의 고유명사는 중국어 발음을 기준으로 표기했으나, 한국의 독자들에게 익숙한 몇몇 예외(예: 천안문, 자금성)와, 근대 이전의 인물명(예: 정화, 왕대연)은 한자 독음으로 적었다.

5. 출처를 밝힐 때, 한국어판 도서의 쪽수는 전자책을 기준으로 했으며, 종이책인 경우에만 '종이책'을 명기했다. 중국어판 도서는 모두 종이책을 기준으로 했다.

쾌락이 필요한 시절

고생한 편집자에게는 참 미안한 말이지만, 나는 원래 이 책을 출판하고 싶은 마음이 별로 없었다. 글 솜씨가 변변찮은 건 둘째 치고 '남의 나라' 이야기를 과연 제대로 이해하고 쓴 내용인지 영 자신이 없었기 때문이다. 중국을 전문적으로 연구하고 공부하는 학자도 아니고 언론사에 소속된 전문 특파원도 아닌, 그저 중국에 좀 오래 살아서 남들보다 중국에 대해 떠들 수 있는 이야기들이 많다는 것 외에는 내가 중국을 제대로 안다고 할 수 있는 게 사실 별로 없다는 생각도 들었다. 어쩌다 이 책을 사서 읽게 된 독자들이 책장을 다 넘기기도 전에 책값이 아깝다며 책을 내팽개치는 상상도 했다.

고생한 편집자에게는 또 한 가지 미안한 말이지만, '아적쾌락 북경생활'이라는 책 제목을 들었을 때 나는 '불쾌락한' 기억들이 먼저 떠올랐다. 나의 베이징 생활은 그다지 쾌락하다고 할 수 없기 때문이다. '쾌락'은 중국어로 '콰이러'라고 발음되고, 그 의미는 맥락에 따라 대체로 '행복'이나 '즐거움'으로 번역된다. 나의 중국 생활은 왜 쾌락하지 못한 것일까?

나는 올해로 중국에 산 지 24년째에 접어든다. 그중 베이징에서만 22년 넘게 살고 있다. 몇 년만 더 살면 한국에서 살던 시간보다 중국과 베이징에서 산 시간이 더 많아지게 된다. 지금도 나는 중국에 오기 전까지 28년여를 살았던 한국과 서울보다 중국과 베이징에서의 생활이 더 익숙하고 편한 느낌이다. 어떨 땐 나도 모르게 "우리 중국에서는…"이라는 말이 무의식적으로 튀어나올 때도 있다.

1999년 여름, 처음 중국에 왔을 때는 우리보다 '가난하고 꾀죄죄한' 중국이었지만 20년 이상이 지난 지금은 모두 알다시피, 미국과 힘을 겨루는 세계 최강국으로 '굴기'하고 있다. 마오쩌둥부터 덩샤오핑과 시진핑 시대에 이르기까지 중국은 건국을 거쳐 부국과 강국으로 가고 있고, 나는 건국 시기만 빼고 부국과 강국으로 가는 여정을 대부분 눈앞에서 목격하고 있는 셈이다. 하지만 또 한편으로는 정치적 개방성과 이데올로기의 유연성은 갈수록 퇴보하고 있고 또 다른 21세기판 '죽의 장막'을 쌓아 가고 있는 모습도 눈앞에서 생생하게 보고 있는 중이다. 나의 중국 생활이 갈수록 '쾌락'하지 못한 이유 중 하나이기도 하다.

2020년부터 시작된 팬데믹을 계기로 중국은 급속도로 '시진핑 사상'을 핵심으로 하는 이념 중심형 사회로 돌아서고 있다. 팬데믹 3년을 거치면서 나는 솔직히 중국에 대해 자주 회의하게 되었다. 전체주의를 방불케 하는 중국의 무소불위 방역 정책을 경험하면서, 과거 마오쩌둥 시기 문화대혁명과 각종 계급투쟁기에 중국인들이 어떻게 살아왔을지가 환하게 그려졌다. 하얀 방역복을 입은 '배추들' (大白, 팬데믹 기간 방역 요원들을 지칭하는 인터넷 은어)이 주택 단지와 거리를 누비며 방역 공포정치를 조장하고 전 사회가 '제로 코로나' 정책으로 마비되는 걸 보면서 문혁 시기 '계급의 적'을 색출해 내는 것 같은 모습이 겹쳐지기도 했다. 그리고 그제야 비로소 중국인들의 모습이 구체적으로 다가오기 시작했다.

그동안 나는 중국과 중국인들이 '쟈오쯔'(餃子, 만두) 같다고 생각했다. 중국인들은 각종 명절 혹은 손님을 환대

할 때 우리가 만두라고 부르는 쟈오쯔를 자주 만들어 먹는다. 쟈오쯔를 만들려면 먼저 밀가루 반죽을 해서 동그란 만두피를 만들어야 한다. 완성된 만두피 안에 각자 입맛대로 섞어 만든 각종 소를 집어넣은 뒤 두 손으로 조물조물 둥글거나 납작한 쟈오쯔로 빚어내면 된다. 만두피 안에 넣는 소는 제각각이고 모양도 조금씩 다르지만 물에 넣어 끓이거나 찜기에 쪄서 내놓는 쟈오쯔는 어쨌거나 최종적으로는 모두 똑같은 쟈오쯔가 된다. 만두를 빚어 보면 알겠지만 잘 반죽해 얇게 늘인 만두피는 점성이 강하고 부들부들하다. 그 안에 소를 넣고 두 귀퉁이와 가장자리를 붙잡아 늘이거나 줄이면서 쟈오쯔를 빚는 걸 볼 때마다 중국인도 그 만두피 같다는 생각이 들었다. 오랫동안 체제에 순응하고 길들여져 온 중국인들이 어딘가 말랑말랑하고 부들부들한 만두피를 닮았기 때문이다.

하지만 2022년 말, 수많은 인명을 앗아간 폭력적인 봉쇄 위주의 제로 코로나 방역 정책에 지친 사람들이 아파트 봉쇄를 뚫고 나와 '자유'를 외치며 백지 시위를 벌였을 때 나는 다시 한 번 놀랐다. 만두피처럼 순하고 말랑말랑했던 중국인들이 화를 내고 있었기 때문이다. 그렇게 화나고 성난 얼굴을 한 중국 사람들의 모습을 나는 중국에 온 후로 처음 목격했다. 만두피처럼 순한 중국인들이 언젠가는 '쇠로 된 방'을 부술 희망이 전혀 없는 건 아니라는 사실도 그때 알았다. 2022년 말, 아파트 주민들이 봉쇄에 항의하는 시위를 벌이며 곳곳에서 아파트 봉쇄 벽을 뚫고 나왔을 때, 이웃 주민 한 명이 뛰쳐나가면서 이런 메시지를 남겼다.

"나와 보니 너무 좋군요. 바깥 공기가 이렇게 좋은 줄 몰랐어요. 내친김에 천안문과 자금성까지 뛰어 가고 싶네요. 같이 갈 사람 없나요?"

이 책은 2020년부터 『한겨레21』에 연재한 <북경만보> 칼럼을 정리하고 편집한 내용이다. 늘 원고 마감에 쫓기다가 허덕거리며 쓴 글이 대부분이라 마감 후에는 차분히 다시 읽어 볼 엄두가 안 났다. 책으로 엮기 위해 오랜만에 다시 읽어 보니, 독자들에게 중국을 제대로 전달하는 내용들인지 솔직히 자신이 없다. 하지만 여기에 쓴 글들에는 20년 넘는 지난 내 중국살이의 모든 경험과 생각이 녹아 있다. 중국을 깊이 연구하는 학자나 전문가도 아니고 뛰어난 저널리스트도 아니지만 적어도 생판 남의 일만은 아닌, '절반의 중국인'이라는 심정으로 중국과 중국 사람들에 대한 마음의 온도를 담아 쓴 글들이다. 이 책에 실린 많은 글이 중국을 비판하는 내용을 담고 있지만 적어도 나는 '그럴 만한 자격이 있다'고 생각한다. 나는 중국에서 20년 이상을 살아오고 있고, 이제는 여기가 내 집이고 고향 같기 때문이다. 무엇보다도 내 가족의 절반이 중국인이기 때문이다. 내게 중국이 남의 나라, 남의 일만은 아닌 까닭이기도 하다.

몇 년 뒤 아이들이 성인이 되어 집을 떠나면, 나는 오랜 베이징 생활을 청산하고 본격적으로 '아적쾌락 중국여행'을 떠나려 한다. 중국을 다 돌면 국경을 넘어 '아적쾌락 세계여행'도 떠나 보려 한다. 그렇게 여행쾌락에 빠지다 보면 늙어 가는 일도 더 이상 슬프거나 우울하지만은 않을 것이다. 중국에서 보낸 지난 시절들도 대체로 '쾌락적'이었다. 특히나 먹고 걷고 마시는 일들이 즐겁고 행복했다. '아적쾌락 북경생활'의 대부분은 먹고 걷고 마시는 일들이었다. 그 '쾌락 시절'을 함께했던 나의 다정한 벗들은 지금 대부분 베이징을 떠났다. 지난해에는 사랑하는 사람들이 유난히 많이 떠나갔다. 그중 '아적쾌락 북경생활'의 정신적 지주였던 윤영모 선배와의 갑작스러운 이별은 가장 큰 슬픔이었다. 윤영모 선배가 떠난 베이징 거리를 걸으며 나는 가끔 그와 함께했던 수많은 '쾌락'들을 회상하곤 한다. 이 책에 등장하는 많은 거리와 장소들도 대부분 윤영모 선배와 벗들이 함께 먹고 마시고 걸었던 곳들이다. 『아적쾌락 북경생활』을 윤영모 선배에게 선물하고 싶다. 하늘에서도 부디 '쾌락'하시라.

2024년
베이징에서

나의
베이징 이야기

제1부

그래도 해방

인민이 단결할 때 그들의 목소리는

빛보다 더 멀리 전달되고

그들 몸의 에너지가

그들의 목소리보다 더 멀리 전달되는 것이다.

_위화, 『사람의 목소리는 빛보다 멀리 간다』[1]

화장실 혁명이여,
영원하라!

몇 년 전까지만 해도, 중국에 처음 오는 사람들에게 항상
이런 말을 했다. 중국에서 살아가려면 세 가지 '중국 특색'
의 문제에 조심해야 한다고. 그 세 가지란 중국식 길 건너
기, 가짜 돈, 화장실이다. 물론 모두 '원스 어폰 어 타임 인
차이나' 시절 이야기다.

　　1999년 8월 마지막 날, 나는 중국 톈진에 도착했다.
중국 연구로 석사과정을 마친 뒤, 6개월이나 1년 정도 중
국에 살면서 중국과 중국인을 가까이에서 관찰하고 직접
체험해 보고 싶었기 때문이다. 20여 년 전 중국에 도착한
첫날, 나는 가장 먼저 '화장실 문제'와 맞닥뜨렸다. 6층 맨
꼭대기 층에 있는 방을 배치받은 뒤 김치와 고추장, 참치
캔 등 한국의 동네 슈퍼마켓이 통째로 들어 있는 거대한 이
민 가방을, 공항에서 만난 한국인 남학생 세 명의 도움을
받아서 낑낑 메고 올라갔다. 비지땀을 흘리며 방에 도착하

고 보니, 문이 활짝 열려 있고 그 안에는 인부 서너 명이 담배를 피우며 방 안 곳곳을 수리하고 있었다. 무엇보다 나는 화장실이 가고 싶었다. 하지만 화장실 안과 밖에는 인부들이 공사를 하고 있어서 들어갈 수가 없었다. 각 층에 있는 공용 화장실도 문이 잠겨 있었다. 방광이 터질 정도는 아니라서 인부들이 가기를 기다렸다. 두 시간 정도 후, 일을 마친 그들은 당시 중국어를 거의 한마디도 몰랐던 내게 뭐라 뭐라 알아들을 수 없는 말을 한참 하더니, 멍한 내 표정을 보고 자기들끼리 낄낄대고 웃으며 공구 통을 들고 사라졌다. 나는 잽싸게 문을 닫고 화장실로 직행했다.

그날 나는 밤새도록 머리를 쥐어뜯고 울부짖으며 '내일 첫 비행기로 다시 돌아가자'고 다짐했다. 화장실은 끔찍했고 물도 나오지 않았다. 추측컨대, 그 인부들이 내게 했던 말은 '당분간 화장실은 사용할 수 없고 물도 쓸 수 없으니 대책을 강구하라'는 내용이었을 것이다. 공사는 3일 뒤에야 끝났고, 그 사이 내가 어떻게 신체를 통제하며 살았는지에 대해서는 구차하고 구질구질해서 생략하기로 한다. 공사가 끝난 날 저녁부터는 밤새 화장실을 청소하다가 너무나 더럽고 서러워서 눈물이 우박처럼 떨어졌다. 맨 정신으로는 잠을 잘 수 없어서 아직 풀지도 않은 이민 가방을 펼쳐, 옷들 사이에 고이 모셔 둔 팩 소주 한 개를 꺼내 다 마신 뒤에야 겨우 눈을 붙일 수 있었다.

서너 달쯤 뒤 늦가을에 혼자 기차를 타고, 황제들의 여름 피서 산장으로 유명한 허베이성 청더로 여행을 갔다. 점심을 먹고 돌아다니는데 화장실이 가고 싶었다. 물어물어 공중화장실을 찾아가니 줄이 길게 늘어서 있었다. 그때는 공중화장실이 유료였다. 내 차례가 되어 5마오(당시 환율로 한화 약 50원)를 내자 문지기가 사각 휴지를 가리키며 분홍색과 빨간색 중에서 가져가라고 했다. 머리털 나고 처음으로 화장실 휴지 색깔을 골랐다. 분홍색을 고른 뒤 문지기에게 화장실이 깨끗하냐고 물었다. "세상에서 가장 깨끗한 화장실"이라는 답변이 돌아왔다. 진짜냐고 한 번 더 물어보는데 내 차례가 와서 바로 화장실에 들어갔다.

'오 하느님, 부처님, 알라신이시여! 내가 지금 들어온 곳은 대체 무슨 세계란 말입니까?'

화장실 안에는 대여섯 명이 줄줄이 앉아서 각자 볼일을 보고 있었다. 심지어 어떤 아줌마는 내게 "니하오! 너 외국인이지? 밖에서 하는 말 다 들었어."라며 반갑게 인사까지 건넸다. 또 어떤 아줌마는 빨간색 휴지를 손에 쥔 채 신문도 읽고 있었다. 하지만 그게 뭐 대수랴. 내가 앉을 자리만 깨끗하다면, 나도 그 아줌마들 옆에 나란히 앉아서 "니하오!"라고 인사할 수 있을 것 같았다. 하지만 내가 앉아야 할 자리는 한바탕 폭탄이 떨어진 전쟁터였다. 그 뒷이야기도 너무 구질구질해서 생략하기로 하겠다. 나오자마자 그 문지기에게 "거짓말! 더러워 죽겠다!"고 고래고래 소리를 질렀다. 줄 서 있던 사람들이 박장대소를 했고, 나는 한시라도 빨리 그 냄새나고 더러운 사바세계를 벗어나고 싶었다.

몇 년 뒤, 설을 앞두고 동네에서 삼륜차 인력거를 몰던 왕씨네를 따라 그의 고향인 내몽골 츠펑으로 가는 설 귀성 열차를 탔다. 그 기차는 내가 지상에서 경험한 최고의 '스펙터클한 모험'이었다. 한 치의 틈도 없이 인간 콩나물들이 빽빽하게 들어찬 그 기차 안에서 숨 막혀 죽지 않은 게 다행이었다. 화장실 안에도 서너 명이 등을 맞대고 서 있을 정도였다. 일단 서 있을 자리를 잡으면 더 이상 이동이 불가능했다. 열서너 시간을 달리는 동안 나는 물 한 모금도, 침 한 방울도 삼킬 수 없었다. 방광을 조절해야 했기 때문이다. 화장실을 가고 싶다는 신호가 오면 그야말로 대참사가 벌어질 판이었다. 나는 그날 처음으로 중국 인민들이 아주 위대하다는 걸 깨달았다.

인도 배낭여행을 다녀온 친구는, 기차를 타고 가다가 철로 변에서 태연하게 엉덩이를 까고 볼일을 보는 인도인들을 보고 처음에는 경악했다가 그다음에는 경이로웠다고 토로한 적이 있다. 하지만 그 친구가 내가 20여 년 전에 탔던 중국의 설 귀성열차를 타 봤더라면 '인도로부터의 깨달음'보다 훨씬 더 깊이 있는 화장실 철학을 터득했을지도 모른다. 그 기차를 타 본 뒤부터, 나는 세상에는 두 가지 종류의 사람이 있다고 생각했다. 그 기차를 타 본 사람과 안 타 본 사람. 안 타 본 사람들은 내 앞에서 감히 인생의 희로애락을 논하지 말라. 인생의 모든 희로애락의 근본은 자신의 방광과 괄약근을 조절하는 힘과 기술에 달려 있다.

○ ○ ○

1970년대 중반, 난징의 한 공장에 도자기처럼 희고 연지처럼 발그스레한 피부를 가진 젊은 아가씨가 신참으로 왔다. 공장 내 모든 미혼 남자들의 시선이 하루 종일 그 아가씨 주위를 맴돌았다. 그러던 어느 날, 공장에서 새 상품 출시를 앞두고 직원들 몇 명을 상하이로 교육 시찰을 보냈다. 그 아가씨도 일행에 합류했다. 상하이에 도착해 눈부신 마천루 사이를 누비며 구경을 하고 있을 때, 그 아름다운 아가씨가 화장실에 가고 싶어졌다. 하지만 그때는 아직 문화혁명 후반기라 남녀가 유별할 뿐더러, 이성 친구나 동료들 앞에서 '화장실'이라는 말조차 꺼내기 민망해하던 시절이었다. 그러다가 더 이상 참을 수가 없어서 동료들에게 화장실 좀 찾아 달라고 말했고, 일행은 온 상하이 거리를 헤매며 화장실을 찾았다. 하지만 그 넓고 번화한 상하이 상업 중심가 거리에서 공중화장실을 단 한 곳도 찾을 수 없었다.

그 아가씨의 얼굴이 하얗게 질려 가고 걸음도 제대로 걸을 수 없을 지경이 되었을 때, 마침내 한 상점 직원에게 애원해 직원용 화장실 사용을 허락받았다. 하지만 그 순간, 그 아가씨는 그 자리에서 굳은 채로 갑자기 얼굴을 두 손으로 가리고 엉엉 통곡하기 시작했다. 바지가 젖어 들기 시작하더니 바짓가랑이 사이로 물이 흘러나오고 바닥이 흥건해졌다. 지나가던 사람들이 그 아가씨를 에워싸고 구경하며 혀를 찼다.

그 후, 공장에서 '상하이 방뇨 사건'이 널리 회자되고 웃음거리가 되자, 아가씨는 그 '쪽팔리는' 도시에서 멀리 달아나기로 결심했다. 길은 오직 한 가지. 멀리 떨어진 다른 도시의 대학에 입학하는 것이었다. 문화대혁명(문혁)이 끝난 후, 다시 대학 입시가 부활되었기 때문이다. 필사적으로 공부한 그녀는 결국 대학에 합격해서 그 도시와 공장을 떠나고, '상하이 방뇨 사건'은 그녀의 운명을 바꿔 놓았다. 소설가 예자오옌의 "화장실에 관하여"라는 단편소설에 실린 이야기 중 일부다.[2] 1970년대 중반 상하이의 번화가에서조차 공중화장실을 찾지 못해서 벌어진 '참사'가 어떻게 한 사람의 운명까지 바꿔 놓았는지를 재미있게 그리고 있다.

20세기 초까지만 해도 중국에는 제대로 된 공중화장실이 거의 없었다. 황제가 살던 수도 베이징에도 공중화장실은 없었다. 베이징에는 상하수도 시설이 낙후해서 집안에 수세식 화장실을 둘 수 없었다. 고관대작과 부자들은 집안에 요강을 두고 볼일을 봤고, 주기적으로 똥장수들이 오물을 수거해 갔다. 똥장수는 신중국 건국 초기까지도 베이징에서 가장 영향력 있는 노동자 조직인, 똥장수 노동조합을 거느린 막강한 이익집단이었다. 하지만 집안에 요강조차 갖출 수 없었거나 똥장수들에게 비용을 낼 수 없었던 일반 서민들은 어디 가서 볼일을 봤을까?

베이징 거리는 기본적으로 공중화장실이다. 매일 사람과
동물의 분변이 대량으로 쌓여 있다. 중국인은 날이 어두워
지면 길거리에 쭈그리고 앉아서 볼일을 보는 게 습관이고,
심지어 대낮에 가장 번잡한 거리에서 볼일을 보는 사람도
있다.[3]

　1865년 베이징 최초의 현대화된 병원(현재의 세허병원)
을 세웠던 영국인 의사 겸 선교사 존 더전이 1862년 베이
징에 처음 도착했을 때 목격했던 '길거리 화장실' 풍경이
다. 존 더전보다 더 깜짝 놀란 서양인들은, 1900년 의화단
사건을 계기로 자국민을 보호한다는 명분을 내세워 베이
징에 쳐들어 온 8개국 연합군(영국·미국·프랑스·독일·일본·
러시아·오스트리아-헝가리 제국·이탈리아)이다. 8개국 연합군
이 베이징에서 가장 먼저 실시한 정책은 '길거리 대소변
금지'였다. 그리고 자신들이 관할하는 구역에 공중화장실
을 만들었다. 베이징에서 역사상 처음으로 공중화장실이
등장한 것이다.
　그러나 기록에 따르면, 당시 베이징 최대 이익집단이
었던 똥장수 연합회의 조직적인 방해와 파괴 작업으로 공
중화장실 운영은 순조롭지 않았다. 게다가 길거리에서 볼

일을 보는 게 오랜 전통처럼 굳어져 왔는데, 갑자기 쳐들어온 '양놈들'이 그것을 금지시키자 '열받은' 일부 군중이 연합군 군인들과 크고 작은 충돌과 마찰을 빚었다고 한다. 20세기 들어서 중국과 서양 세계 간 최초의 문명의 충돌은 어쩌면 노천 화장실 사수를 둘러싼 문제였는지도 모른다.

○ ○ ○

중국 그리고 베이징에 진정한 '화장실 혁명'이 일어난 것은, 21세기 중국몽 시대를 이끌고 있는 시진핑이 등장한 이후다. 2015년, 중국 옌볜 자치주로 시찰을 갔던 시진핑 주석은 일부 농촌에서 아직도 '푸세식' 화장실을 사용하는 걸 본 뒤 전 농촌에 대대적인 화장실 혁명을 하라고 주문했다. 그 뒤 2017년 (국가 관광 발전 및 유지를 담당하는 정부 기관인) 국가여유국(國家旅游局)이 중심이 되어 '화장실 혁명 3개년 행동 계획'을 발표했고, 화장실 혁명을 위한 본격적인 행동이 시작됐다.

시진핑 주석의 화장실 혁명 선언이 나온 뒤, 베이징에도 2015년에 최첨단 시스템을 갖춘, 이른바 '제5공간'이라는 이름의 21세기형 첨단 화장실이 등장했다. 무선 인터넷, 전동차 충전 장치, 현금자동입출금기(ATM) 등 시민 편의 시설을 갖춘 첨단 화장실이다. 물론 화장실 내부도 번쩍번쩍하다. 20여 년 전, 청더의 공중화장실 문 앞에서 5마오를 주고 받았던 분홍색 휴지 몇 장 대신 새하얀 두루마리 휴지를 무료로 쓸 수 있다. 아, 기차도 예전의 그 '스펙터클한' 기차가 아니다.

'중국에는 황제를 제외하고, 인간으로서의 존엄을 가질 수 있는 사람은 한 명도 없다'고 했던 작가 왕샤오보는 「개인의 존엄」이라는 짧은 글에서 "중국에서 사람들로 붐비는 기차와 공중화장실에서 개인의 존엄성이란 전혀 없다."고 단도직입적으로 말했다. 왕샤오보는 안타깝게도 1997년 45세의 비교적 젊은 나이에 죽었다. 하지만 그가 지금까지 살아 있었다면 당시의 글을 수정하거나 폐기해야 할 것이다. 이제 공중화장실은 중국인의 존엄성이 빛나는 장소이자 21세기 시진핑식 중국 사회주의혁명의 전초기지가 되었다.

중국 화장실 혁명이여, 영원하라!

베이징 역에서 떠나는
실크로드 기차 여행

"5분 뒤에 기차는 종착역인 카슈가르(카스) 역에 도착할 예정입니다. 짐을 챙겨 내릴 준비를 하십시오."

안내 방송이 나오자, 선반 위에서 가방을 꺼내려고 일어섰다.

"그냥 있어요. 내가 들어 줄게요."

침대칸 맞은편에 탔던 인민해방군 장교가 일어나 가방을 내려 줬다. 그와 나는 24시간을 같은 침대칸에서 '동고동락'한 사이다. 전날 오후, 신장 투루판을 출발한 기차는 꼬박 24시간을 달려서 중국 실크로드 여행길의 종착역인 카스에 도착했다.

카스는 중국 내 위구르족의 문화와 정서가 원형 그대로 보존되고 있는 곳으로, 위구르인들은 이를 '마음의 고향'이라고 부른다. 이곳은 중앙아시아와 유럽으로 통하는 고대 실크로드의 중요한 길목이기도 하다. 이 길을 따라서 중국의 비단과 차, 도자기 등 각종 상품이 중앙아시아와 유럽 등지로 흘러갔고, 서로 다른 문화와 종교가 교류되었다. 2001년 여름 무렵 나는 베이징 기차역을 출발해서 둔황과 우루무치, 투루판 등을 거쳐 종착지인 카스에 도착하는, 멀고도 긴 실크로드를 여행 중이었다.

그 여행길의 마지막 여정인 카스행 기차에서 중국 인민해방군 장교를 만났다. 그는 처음부터 내게 강한 호감을 보였다. 그때만 해도 실크로드를 여행하는 외국인 여성이 흔치 않던 시절이라 그랬는지는 몰라도, 그는 가는 길 내내 쉴 새 없이 말을 걸며 중국과 자신에 대한 온갖 이야기를 들려줬다.

"나는 예전에 카스에서 오랫동안 복무했어요. 카스는 우리나라에 전략적으로 아주 중요한 변경 지역이죠. 하지만 군인이 직업인 우리로서는 근무 환경이 좋은 편은 아니랍니다. 고도가 높고 자외선이 강해서 눈과 피부가 상하기 쉬워요. 하지만 몇 년 잘 버티면 승진하기도 쉽죠. 변경 지역에 근무하면 가산점을 주거든요. 저도 카스에서 몇 년 이를 악물고 잘 버틴 덕분에 지금은 장교로 승진해서 청두로 전속 배치됐어요. 나중에 쓰촨 여행을 오면 꼭 청두에 들러서 나를 찾아요. 아주 훌륭한 가이드가 되어 줄게요."

종착역인 카스 역에서 내려 헤어질 때 우리는 전화번호를 교환했다.

"카스에 있는 동안 혹시 무슨 일이 생기면 바로 내게 연락해요. 당분간 저는 일 때문에 이곳에 머물러야 하거든요. 나중에 무사히 베이징으로 돌아가면 안부 전화 한 통 부탁해도 될까요? 이렇게 만난 것도 인연인데, 우리 친구해요."

내게 가방을 건네준 그는 짙은 색깔의 선글라스를 눌러쓰고 카스의 혼잡한 거리로 사라졌다. 그가 사라진 광장 사이로 언뜻 보니, 베이징에서도 보지 못한 마오쩌둥의 초대형 동상이 카스의 쪽빛 하늘을 향해 서 있었다.

○ ○ ○

1276년, 두 남자도 베이징을 출발해 실크로드를 통과하는 길고도 먼 여행길에 올랐다. 그들은 라반 싸오마와 마커로, (중국에 처음 들어온 기독교의 한 분파인) 경교(景敎)를 믿는 수사였다. 당시 베이징은 몽골족이 지배하던 원나라의 수도였는데, 베이징 교외의 한 산속에 틀어박혀 종교 수행을 하던 이들은 어느 날, 그들의 신이 있는 예루살렘을 향해 성지순례를 떠났다.4 기차나 자동차가 없던 그 시절, 가난한 두 수사는 베이징을 출발한 지 거의 6개월 만에 중앙아시아로 넘어가는 길목인 카스에 도착했다. 그리고 그 길을 따라 이란·이라크·터키 등을 거쳐 프랑스·이탈리아·영국 등 유럽까지 갔다. 이들이 베이징에서 유럽까지 걸어갔던 육로는, 같은 시기 이탈리아 베네치아에서 출발해 실크로드를 따라 베이징까지 왔던 상인 마르코 폴로의 여정과 정반대 방향이다. 그래서 학계에서는 이들을 일컬어 '역방향의 마르코 폴로'라고 부르기도 한다.

라반 싸오마 일행이 육상 실크로드를 따라 유럽에 간 때로부터 25년쯤 뒤, 원나라 말기 1330년에 당시 스무 살의 왕대연이 지금의 푸젠성 취안저우에서 상선을 타고 말라카 해협과 페르시아(지금의 이란), 인도, 이집트 등을 거쳐 지중해를 가로질러 모로코까지 가는, 약 5년간의 긴 바닷길 여행을 했다.

왕대연은 두 차례 바닷길로 실크로드 여행을 했다. 이후 약 75년 뒤인 명나라 영락제 시대에, 그 유명한 '정화의 대원정'이 시작되었다. 왕대연이 민간인 자격으로 항해 여행을 했다면, 정화는 국가의 지원을 받아 특수한 목적을 띠고 항해길에 오른 '정치적 여행'을 했다. 재밌는 사실은,

라반 싸오마와 마찬가지로 정화도 몽골족을 따라 남하해 온 색목인 출신이라는 점이다. 그의 조상은 대대로 이슬람 교도였고, 그가 꾸린 원정단에도 이슬람교를 믿는 아랍 출신 선원이 많았다. 당시 색목인은 지리에 밝고 항해술에도 능했다. 정화는 조상이 이슬람교도였지만 정작 본인은 독실한 불교도였다.

일곱 차례의 정화 대원정은 당시에는 정치경제적 영향을 크게 미치지 못했지만, 훗날 그는 시진핑 국가 주석이 부르짖는 '중국몽'(中國夢)의 화신이 되었다. '위대한 중화 민족의 부흥을 실현하자'고 목 놓아 부르짖는 시진핑 주석은 정화 대원정을 침 튀기게 강조하며, '일대일로'라는 21세기판 신실크로드 정책을 구상했다. 2013년 9월, 시 주석은 카자흐스탄에서 한 연설을 통해, 육로와 해상을 연결해서 고대 실크로드를 부활하는, 새로운 실크로드 경제 벨트를 구축하자고 제안했다. 이 프로젝트는 2014년부터 2049년까지 총 35년간 진행되며, 육로와 해로를 합쳐 총 5개의 신실크로드 노선이 구축된다. 이 노선들이 모두 완성되면 우리는 그 옛날 라반 싸오마와 마르코 폴로, 정화가 힘들게 개척해서 갔던 길을 기차와 배를 타고 자유자재로 오갈 수 있다.

베이징 역에서 기차를 타면 어디까지 갈 수 있을까?
전 세계로 갈 수 있다. 베이징 역에는 국제 열차 노선이 있
다. 그 유명한 시베리아행 열차다. 베이징을 출발해서 블
라디보스토크를 거쳐 모스크바로 가는 노선과, 몽골의 울
란바토르를 거쳐 모스크바까지 가는 노선이 운행된다. 모
스크바에 도착하면 다시 기차를 갈아타고 유럽의 관문인
베를린으로 갈 수 있다. 또 베이징 역에서 기차를 타고 윈
난성 쿤밍으로 가면, 기차를 갈아타고 베트남과 미얀마,
태국 등 동남아시아에 갈 수 있다. 쿤밍에는 동남아 각국
으로 가는 국제 장거리 버스 정류장도 있다. 지난 2015년
부터 논의해 오고 있는 중국과 파키스탄을 연결하는 철로
가 예정대로 향후 10년 내에 건설, 개통되면 카스에서 기
차를 타고 곧바로 파키스탄과 아프가니스탄, 우즈베키스탄
등으로 들어갈 수 있다. 지금도 카스에서는 장거리 국제
버스를 타고 중앙아시아를 거쳐 서아시아까지 갈 수 있다.
　　만일 지금 중국이 추진 중인 일대일로 노선이 완성되
면 베이징 역에서 기차를 타고 우루무치·카스·아프가니스
탄 등을 거쳐 헝가리와 파리까지 가게 된다. 다른 노선을
타면, 베이징 역을 출발해서 러시아와 독일을 거쳐 북유럽
에 도착한다. 또 다른 북쪽 노선은 한반도와 일본을 통과

해 옌지와 지린, 러시아 등을 지나 유럽에 닿는다. 실현만 된다면 우리도 서울역에서 기차를 타고 유럽까지 갈 수 있다. 라반 싸오마와 마커가 베이징에서 유럽까지 걸어간 길을 서울역에서, 베이징 역에서 기차를 타고 갈 날이 멀지 않았다.

하지만 21세기 중국의 신실크로드 선로 위에서는 어떤 것들이 거래되고 교류될까. 일대일로가 깔리는 신실크로드 시대에는 시진핑 주석의 말대로 중국의 평화적인 굴기와 공동 번영이 전파될까. 아니면 강압과 복종을 요구하는 제국의 질서와 제국의 화폐가 강요될까.

○ ○ ○

카스에서 헤어진 인민해방군 장교와의 인연은 몇 달 뒤 청두에서 다시 이어졌다. 실크로드 여행을 마치고 베이징으로 돌아온 뒤, 그에게서 밤마다 전화가 왔다. 그가 청두로 놀러 오라고 꼬셨다. 몇 차례 거절하다가 마침 한국에서 후배가 중국 여행을 오자 못이기는 척하며 그의 초청을 수락했다. 후배와 함께 베이징 역에서 출발하는 청두행 기차를 타고 38시간을 달려서(그때는 고속철이 없었다), 이

틀을 씻지 못한 꾀죄죄한 몰골로 청두 기차역에 내리자 저만치서 군용차 한 대가 다가왔다. 여전히 짙은 색 선글라스를 쓴 그는 운전병이 운전하는 군용차에서 내려 나를 향해 걸어왔다. 그 순간, 너무나 '장교스러운' 그에게 하마터면 '뿅' 갈 뻔했다. 그 후 며칠 동안 우리는 그의 차를 타고 쓰촨 지역 곳곳을 공짜로 유람했다.

여행 막바지에 그는 내게 구애 비슷한 고백을 했다. 자신의 꿈은 전역한 뒤에 산 좋고 물 좋은 구이린에 가서 여행사를 차리는 것이라며, 함께 구이린에서 "알콩달콩 행복하게 살지 않겠느냐"는 말을 슬쩍 내비쳤다. 만일 그 사건만 일어나지 않았다면, 나는 지금쯤 그 인민해방군 장교를 따라 구이린에서 여행사를 하며 한국인 관광객 유치에 혈안이 되어 있었을지도 모른다. 알콩달콩 행복하게 살았을지는 알 수 없지만.

여행이 거의 끝나 갈 무렵, 숙소 근처 식당에서 저녁으로 훠궈를 먹는 중이었다. 갑자기 옆자리에서 "펑!" 하고 폭발음이 울렸다. 가스통이 폭발한 것이다. 사람들이 혼비백산해서 밖으로 도망쳤고 우리는 잠시 충격으로 멍해졌다. 그런데 눈앞에서 그 남자가 황급히 옆구리에 돈가방을 꿰차더니 혼자 밖으로 줄행랑을 치는 게 아닌가. 입만 열면 '인민을 위해 봉사한다'고 자랑하던 인민해방군 장교는 위기의 순간에 가장 먼저 '돈을 갖고 튀었다.' 그날 이후, 나는 그에게 잠시 흔들렸던 마음을 거둬들였다. 베이징에 돌아온 뒤 그와 연락을 두절했다. 베이징 근처로 출장을 왔다며 한 번만 만나자고 전화한 그에게 바쁘다는 핑계를 대고, 마지막으로 애정 어린 작별 인사를 건넸다.

"그동안 고마웠다. 안녕!"

베이징 역에서 기차를 타고 카스까지 직행할 날이 오면, 그리고 기차 안에서 다시 한 번 우연히 그를 만난다면 묻고 싶다.

"그때 그 돈가방은 아직도 잘 있나요?"

절망의 산에서 내려갈 때
지팡이가 되어 준 디탄공원

그해 여름부터 초겨울까지 거의 매일 톈진의 집 근처 공원을 배회했다. 함께 어학연수를 하던 동기들이 모두 귀국을 하자 외로움이 시도 때도 없이 밀려오던 시절이었다. 때마침 극심한 경제난에 봉착한 데다 어학당 학비도 부족해서 학교 대신 공원으로 출퇴근하기 시작했다. 공원을 어슬렁 거리며, 매일 오가는 사람들을 구경했다. 그것도 지겨우면 호숫가에 늘어진 수양버들 나무 밑에 앉아서 중국어 책을 펼쳐 들고 매일 똑같은 페이지를 뚫어져라 쳐다보다가 해 거름 무렵에 다시 쓸쓸한 집으로 돌아와 계란 볶음밥을 해 먹었다.

그러던 어느 날부터 그가 눈에 들어오기 시작했다. 그 사람도 내가 좋아하는 호숫가 수양버들 나무 근처 벤치에 앉아 매일 무슨 책을 열심히 읽고 있었다. 어떤 날은 가끔 혼잣말처럼 조용히 소리 내어 읽기도 했다. 그가 읽는 책이 너무 궁금했다. 도대체 얼마나 재밌기에 바로 옆 자리에서 매일 힐끔거리며 자신을 관찰하는 낯선 여인에게 눈길 한번 건네주지 않는지. 수양버들이 바람에 산들거릴 때마다 그의 머리카락도 쓰담쓰담 했다. 두꺼운 뿔테 안경을 쓴 그는 바람이 불 때마다 우아한 손짓으로 책장을 지그시 눌렀다. 나는 그를 짝사랑하게 되었다.

가을이 깊어 가고 나뭇잎이 우수수 다 떨어졌을 때, 나는 그에게 말을 걸기로 결심했다. 초보 중국어를 하는 외국인이라 의외로 쉽게 친구가 될 수 있으리라 생각했다. 어쩌면 중국인 남자 친구가 생길지도 모른다는 기대감도 없지 않았다. 중국어를 공부하다가 모르는 문장을 만난 한 외국인 여성이 마침 옆에 앉아 있는 '지식 청년'에게 다가가 물어보며 자연스럽게 만나게 된다는 게 작전 시나리오였다.

"저, 잠시만 실례해도 될까요? 제가 뭐 좀 ….."

드디어 그에게 역사적인 말 걸기를 시도했다. 하지만 잠시 뒤, 그를 향한 내 기대와 희망은 마른하늘에 날벼락 치듯 산산조각이 났다.

"나 지금 아주 바빠요. 말 시키지 마세요!"

그의 우아한 손가락이 뿔테 안경을 신경질적으로 올

려 잡았다. 정열적으로 책을 읽던 반짝이던 두 눈은 어느 새 성깔 있는 사나운 눈매로 변해 있었다. 그의 예상 밖 반응에 움찔한 나머지, 나는 그 자리에서 얼어붙고 말았다. 마침 개 한 마리를 끌고 산책하는 아줌마가 앞을 지나갔고, 또 마침 해 질 녘이라 나는 집으로 돌아가서 계란 볶음밥을 해 먹어야 할 때라고 생각했다. 그에게 황급히 "아, 죄송합니다. 짜이젠!(다음에 봐요)"이라고 말한 뒤, 질문하려고 밑줄까지 친 중국어 책을 들고 어둑해지는 공원을 빠져나왔다.

그날 나는 그가 탐독하던 책 제목을 보았다. 『홍루몽』이었다. 그날 이후 나는 그 공원에 다시는 가지 않았고, 그를 다시 볼 일도 없었다. 이후에는 외로울 시간도 없었다. 곧바로 베이징으로 이사했고, 이래저래 사는 일이 바쁘고 고단했기 때문이다.

○ ○ ○

20대 청년이던, 당시는 무명의 백수였던, 스테성도 인생에서 가장 어둡고 암울한 시기에 매일 집 근처 공원을 배회했다. 스테성은 2010년에 작고한 중국 현대 소설가이자

38

희곡작가, 산문작가다. 그는 중국에서 아름다운 현대 산문으로 손꼽히는 『나와 디탄』[5]의 작가로 유명하다.

스톄성은 스무 살에 두 다리가 마비되어 평생 휠체어에 몸을 의지하고 살았다. 문화대혁명이 한창이던 1969년, 그는 10대 후반의 나이에 산시성 옌안 지역에서 하방* 생활을 했다. 그때 가난한 농촌 마을에서 양떼를 몰고 나갔다가 산 정상에서 폭포처럼 쏟아지는 큰 비를 맞고 한 달 동안 생사를 넘나드는 열병을 앓은 뒤 두 다리를 못 쓰게 되었다. 막 20대로 접어들던, 인생의 가장 찬란한 시절에 시작된 불행이었다. 다시 베이징으로 돌아왔지만, 그는 갈 곳이 없었다. 그때 그를 맞아 준 곳이 바로 디탄(地壇)공원이다.

15년 전 어느 날 오후, 나는 휠체어를 밀며 디탄공원 안으로 들어갔다. 디탄은 정신과 영혼의 넋이 나가 있던 나를 위해 모든 것을 잘 준비해 놓고 있었다. … 두 다리를 못 쓰게 된 후 처음 몇 년 동안, 나는 일자리를 찾지 못했고, 가

★ 문혁 기간에 농촌의 현실을 알고 농민들로부터 혁명 사상을 배우게 한다는 이유로 수많은 도시 청년을 농촌에 보내 생활하게 한 사회정치 운동.

야 할 길도 찾지 못했다. 별안간에 아무것도 찾을 수 없게
된 나는 휠체어를 밀고 그곳으로 갔다. 그곳은 하나의 세계
에서 도망칠 수 있는 또 다른 세계였다.[6]

두 다리를 못 쓰게 되면서 삶의 의미도 상실해 버린 스
톄성이 디탄공원의 어느 모퉁이에 자기만의 방을 만들고
매일같이 몰두한 생각은 '죽는 일'이었다. 그는 매일 아침
휠체어를 밀고 디탄공원에 와서 우두커니 앉아, 오가는 사
람들을 구경하며 '어떻게 하면 죽을 수 있고, 나는 왜 태어
났는가'라는 생각만 몇 년 동안 했다. 그러다가 어느 날 깨
달음을 얻었다.

"태어나는 것은 하늘이 부여한 일로, 어찌해 볼 수 없
는 불가항력적인 사실이다. 태어나는 순간 죽음은 이미 예
정된 결과이기 때문에 다급하게 갈망할 필요는 없다. 죽음
은 반드시 맞게 되는 기념일이다."

그에게 남은 일은 이제 '어떻게 살아갈 것인가'의 문
제였다. 날마다 '어떻게 죽을 것인가'에만 골몰하던 스톄
성이 '글을 쓰고 살면서' 자신의 불행한 운명과 화해하기
로 작정한 가장 큰 동력은 디탄공원이었다. 매일 디탄공원
에서 마주친 수많은 사람들과의 인연과, 사시사철 피고 지

고 시들다 다시 열매를 맺고 싹을 틔우는 온갖 자연 풍경의 변화를 몇 년 동안 지켜보면서 그의 슬픔과 절망도 차츰 치유되었다. 스톄성은 글에서 "디탄공원 덕분에 나는 자주 내 운명에 감사하는 마음을 갖게 되었다."고 고백했다.

스톄성의 친구 한 명도 디탄공원에 출근 도장을 찍는 고정 멤버였다. 그 역시 문혁 때 입 한번 잘못 놀렸다가 정치범으로 몇 년간 옥살이하고 나온 불운한 친구였다. 감옥에서 나온 뒤, 정치범 경력 때문에 번듯한 일자리를 구하지 못하고 막노동을 하며 살아가던 친구는 스톄성과 마찬가지로 마음속 울분을 가라앉히기 위해 공원을 매일 스무 바퀴씩 뛰었다. 그렇게 뛰다 보니 그는 거의 마라톤 선수급의 실력을 갖추게 되었고, 마라톤으로 자신의 운명을 바꿀 수 있는, 진정한 '정치적 해방'을 얻기로 결심했다. 베이징 마라톤 대회에서 10위 안에 든 사람들의 사진과 명단이 대로변 신문 진열창에 걸려 있는 것을 본 뒤, 자신도 그 명단에 들어가면 정치적인 신분 해방을 얻을 수 있으리라 기대했다.

각고의 연습과 노력 끝에 친구는 두 번째 해에 4등을 했다. 하지만 신문에는 3등까지만 실렸다. 다음해, 7등을 했다. 그해 신문에는 6등까지 한 사람들의 사진과 명단이 실렸다. 그는 자신을 탓하며 더 열심히 해서 또 다음해 마라톤에서는 3등을 했다. 신문에는 1등을 한 사람만 사진과 이름이 실렸다. 마라톤 대회에 참가한 지 5년째 되던 해에 친구는 드디어 1등을 했다. 하지만 다음날 신문에 실린 기사를 보고 그는 끝내 절망하고 말았다. 1등을 한 자신의 사진과 이름 대신, 신문에는 마라톤 대회에 참석한 군중의 사진만 대문짝만하게 실려 있었다. 그제야 친구는 모든 것이 자신을 제외하기로 결정한 '정치적 고려'라는 사실을 알게 되었다. 이후 그 친구와 스톄성은 함께 자주 디탄공원을 배회하며 세상을 향해 온갖 욕설을 퍼붓고 저주하다가 날이 어둑해져서야 헤어지곤 했다. 그래도 헤어질 때는 서로를 걱정하며 이렇게 당부했다.

"절대 먼저 죽으면 안 돼. 다시 잘 살아 보도록 하자!"

그 불운했던 친구는 38세에 참가한 마지막 마라톤 대회에서 대회 신기록을 세우며 다시 1등을 했다. 그는 끝내 정치적 신분 해방은 얻지 못했지만, 인생이라는 마라톤 경주에서는 정신적 해방을 이룬 셈이다.

스톄성이 디탄공원에서 마주친 사람 가운데는 자신의 어머니도 있다. 아들이 혹여 '나쁜 생각'을 할까 봐, 매일 몰래 아들 뒤를 따랐던 것이다. 어머니는 아들이 디탄공원

어딘가에서 안전하게 잘 있다는 것을 확인한 뒤에야 돌아섰다. 자신을 찾아 헤매다가 집으로 돌아가는 어머니의 뒷모습을 구석에서 지켜보며 스톄성은 그제야 알게 되었다. "이 공원 안 내 휠체어 바퀴자국이 있던 모든 곳에는 어머니의 발자국도 함께 있었다."는 사실을 말이다.

디탄공원은 명나라 1530년에 세워졌다. 명·청 시대에 황제가 땅의 신에게 제사를 올리는 제단이 있던 곳이다. 2006년부터 전국중요문화보호구역으로 지정됐고 지금은 수많은 관광객이 찾는 베이징의 공원 명소 중 한 곳이다. 가을마다 열리는 디탄공원 도서 축제와 은행나무길 축제는 베이징 시민이 가장 사랑하는 연례행사다. 하지만 베이징 시민들에게 디탄공원은 스톄성의 『나와 디탄』으로 더 애틋한 곳이다.

스톄성이 기록한 15년간의 디탄공원 사색기는 한 사람의 삶에 대한 절망과 희망의 기록이자, 그 시절 스톄성과 더불어 공원 안을 오가던 수많은 중국인을 축소해 그린 소묘화다. 그곳에서 스톄성은 자신이 '쓰기 위해' 태어난 사람이라는 것을 알게 되고, 작가가 되었다. 디탄공원은 절망한 스톄성에게 '어떻게 살아갈 것인가'라는 희망의 화두를 던져 줬고, 그 절망의 산에서 내려갈 때 짚고 가는 지팡이가 되어 주었다.

○ ○ ○

오래전, 내가 매일 배회하던 톈진의 공원에서 『홍루몽』
을 열독하던 남자도 내게는 지팡이 같은 은인이다. 한 시
절 그를 몰래 짝사랑하며 매일 설레는 마음으로 공원을 오
가는 사이, 내 외로움도 서서히 작아졌기 때문이다. 나중
에 베이징에서 만난, 나의 진짜 '중국인 남친'이 된 지금의
남편에게 언젠가 그 남자 이야기를 들려줬다. 남편이 웃으
며 말했다.

"『홍루몽』이 아주 야한 소설인 거 알고 있지? 아마 그
사람이 결정적인 부분을 읽고 있을 때 당신이 다가와서 말
을 걸었겠지. 그도 분명히 매일 공원에 출몰하는 당신의
존재를 알고 있었을 거야. 하지만 당신이 어디 『홍루몽』에
나오는 수많은 아름답고 요염한 여인네의 매력을 능가할
수 있겠어?"

그 남자는 아직도 공원에서 『홍루몽』에 정신이 빠진
채 늙어 가고 있을까. 문득 궁금해진다.

그 시절 베이징 최초의 서양 음식점,
모스크바 식당

나의 첫 서양 음식 경험은 광화문 경양식집에서 먹었던 돈가스다. 지금은 돈가스나 함박스테이크가 분식집에서도 흔하게 사 먹을 수 있는 김밥·떡볶이 같은 전 국민 분식 메뉴가 되었지만, '나 때는' 아주 귀한 날에나 먹을 수 있는 최고급 서양 음식이었다. 돈가스가 일본식으로 개량된 서양 음식이라는 사실을 알게 된 건 나중의 일이다.

고등학교 시절, 친구와 함께 광화문 세종문화회관 뒤 경양식집에 가서 난생 처음 돈가스를 시켰을 때, 나비넥타이를 멘 종업원은 이렇게 물었다.

"빵으로 하시겠습니까, 밥으로 하시겠습니까."

그때 머릿속에 일던 해일과도 같은 번민의 순간을 나는 아직도 기억한다. 그 경양식집에서 '빵이냐 밥이냐'를 고민했던 순간보다 더 머리에 지진이 날 것 같았던 순간은 '중국이냐 러시아냐'를 선택해야 하는 갈림길에 섰을 때다.

나는 한때 세상에서 가장 어려운 언어라는 러시아어를 공부했다. 내가 러시아어를 공부한 건 노태우 전 대통령이 추진한 북방 정책의 영향이 컸다. 그가 별세했다는 소식을 듣고 나는 잠시 아주 오랫동안 잊고 지내던 '나의 러시아'를 떠올렸다.

1988년 7월 7일 소련을 비롯한 동구권 사회주의국가들 및 북한과 새로운 화해와 협력을 추구하겠다고 선언한 '7·7 선언' 이후 한국과 러시아(당시 소련)의 관계는 급물살을 탔다. 러시아와의 수교는 1990년 9월 30일에 이뤄졌지만, 7·7 선언 이후 한국에는 이미 '러시아 붐'이 조성되고 있었다. 덕분에 나는 대학 입시를 앞두고 '앞으로 전도가 유망할 것 같다'는 담임 선생님의 권유로 아무 생각 없이 덜컥 러시아어과를 선택하고 말았다. 그해 대학 입시에서 러시아어과는 가장 인기 있는 학과 중 하나였다.

나는 4년 뒤 시베리아 횡단 열차를 타고 사락사락 눈 내리는 자작나무 숲과 바이칼호를 지나 모스크바의 붉은 광장에 가닿는 꿈을 꾸며 나타샤와 카추샤, 바실리 등이 기다리는 '나의 러시아'를 향해 걸어 들어갔다. 하지만 내가 닿은 곳은 푸시킨과 레닌의 동상이 있는 모스크바가 아니라, 마오쩌둥 초상화와 오성홍기가 펄럭이는 중국 베이징의 천안문(톈안먼) 광장이다.

돈가스를 시키며 '빵이냐 밥이냐'를 고민한 것처럼, 나는 인생의 또 다른 분기점에서 '러시아냐 중국이냐'를 두고 수많은 날을 번민했다. 1992년 구소련이 해체되고 러시아어과는 더 이상 전도유망한 학과가 아니라 순위가 추락하는 비인기 학과가 됐고, 그 자리에 대신 중국이 들어섰다. 1992년 노태우 정부 시절, 러시아와의 수교처럼 또 한 차례 역사적인 한-중 수교가 이뤄지면서 '차이나 붐'이 일어나고 있었다. 이번에도 나는 아주 약삭빠르게 '앞으로 가장 잘나갈 것 같은' 중국을 선택했다. 그리하여 '나의 러시아'는 멀어져 갔고 내가 사랑했던 러시아 이름들인 나타샤와 카추샤, 바실리도 머릿속에서 잊혀 갔다.

그런데 베이징에서 다시 러시아를 만났다. 한 번도 실제 만나 본 적이 없던 나타샤와 카추샤 같은 러시아인들도 베이징에서 만났고, 대학 수업 시간에 듣던 러시아 국민가요 <카추샤>와 <모스크바 교외의 밤>을 베이징의 공원과 광장 등에서 수시로 들었다. 심지어 러시아 음식을 처음 먹은 곳도 베이징이다.

○ ○ ○

베이징은 20년의 세월 속에서 현대 도시로 탈바꿈했고, 옛 모습이라곤 찾아 볼 수 없다. 변화는 내 기억을 가물거리게 했고 진실과 환상을 뒤섞어 버렸다. 어느 여름이었을 것이다. … 더위 속에서 사람들은 자신을 드러냈고 욕망을 억제하기 힘들어했다.

1994년에 개봉되어 그해 베니스국제영화제에서 남우주연상과 감독상 등 각종 상을 휩쓴 중국 장원 감독의 첫 작품 <햇빛 쏟아지던 날들>(陽光燦爛的日子)의 오프닝 내레이션이다. 이 영화는 문화대혁명이 아직 끝나지 않은 1970년대 베이징 골목을 배경으로 인생에서 가장 '햇빛 찬란한 때'인 열여섯 살 소년 마샤오쥔의 성장기를 그렸다.

개인적으로 이 영화에서 가장 인상 깊었던 장면은 '중-소 전쟁이 벌어지고, 그 전쟁에서 영웅이 되고 싶은' 마샤오쥔이 동네 건달들과 함께 베이징의 모스크바 식당에서 커다란 생맥주 잔을 하늘 높이 치켜들고 건배하는 장면이다. 긴 식탁을 사이에 두고 늘어선 한 무리의 철부지 소년 건달들을 향해 두목이 이렇게 외친다.

"세상 모든 사람은 형제다!"

하지만 당시 중국과 소련은 형제가 될 수 없는 사이였다. 마샤오쥔의 최대 희망 사항이 소련 제국주의를 박살내는 것이었듯, 1950년대 말 이후 중국과 소련의 관계는 최악으로 치달았다.

1949년 신중국 초기부터 1953년 스탈린 사망 전까지 중국과 소련은 '형제보다 가까운' 사이였다. 마오쩌둥이 "소련 10월 혁명의 포성은 중국에 마르크스주의를 가져다 줬다."라고 했을 정도로, 중국은 정치·경제·이념 등 대부분을 소련에 의지했다. 당시 중국에는 "소련의 오늘은 우리의 내일" "소련 큰형을 따라 배우자" 등의 구호가 온 거리에 나붙었고, 중국어로 번안된 <카추샤>와 <모스크바 교외의 밤> 같은 소련 가요가 중국인의 국민가요로 불렸다. 또한 중국인들은 러시아 식당이나 소련 영화 등을 통해 처음으로 서양 음식과 서양 문화를 접했다.

영화 <햇빛 쏟아지던 날들>에 자주 등장하는 베이징의 모스크바 식당은 베이징 최초의 서양 음식점이다. '나 때는' 중·고등학교 시절 서양 음식을 맛볼 수 있었던 곳이 경양식집이었다면, 베이징인들이 최초로 서양 음식을 체험한 곳은 모스크바 식당이다. 지금 50대 이상 베이징인은 모스크바 식당을 '라오모'(老莫)라는 친근한 약칭으로 부른다. 라오모는 베이징인의 기억 속에 중-소 우호를 상징하는 장소이자, 포크와 나이프로 대변되는 서양 음식에 대한 우아한 환상을 심어 주던 곳이다.

라오모는 1954년 10월 2일 처음 문을 열었다. 오픈 당일 저우언라이 총리가 직접 테이프를 끊었고, 그날 밤 베이징 주재 소련 귀빈들과 다른 나라 외교관들을 초대해 오픈 축하 만찬을 했다. 라오모가 있는 곳은 당시 소련식 건축물을 본떠 만든 '소련 전람관'(1958년 '베이징 전람관'으로 이름이 바뀌었다) 옆으로, 일반인을 위한 식당이 아니라 주로 소련과 사회주의국가에서 오는 관료나 전문가, 중국 내 고위급 관료와 지식인을 접대하는 국가급 만찬 장소였다

중-소 관계가 악화일로를 걷던 1960년대 이후, 특히 1966년 문화대혁명 이후부터 1978년 개혁·개방 전까지 라오모는 암울한 시대를 맞았다. 문화대혁명 기간에는 영업이 잠시 중단되었고, 홍위병들에게 점령돼 '소련 수정주의와 제국주의'의 상징으로 비판받았다. 라오모에서 밥을 먹다가 들키면 수정주의자로 몰리기도 했고, 식당 이름도 모스크바 식당에서 '베이징 전람관 식당'으로 바뀌었다. 베이징 전람관 식당 시절에는 요리도 죄다 중식으로 바뀌

었으며, '소련 수정주의자'들의 요리는 메뉴판에서 모두 사라졌다. 하지만 당시에도 베이징인들은 여전히 그 식당을 라오모라고 불렀다. 라오모가 다시 일반인에게 개방되고 정상적인 영업을 시작한 것은 문화대혁명이 끝난 뒤인 1970년대 후반이다. 1984년 11월 7일, 소련 10월 혁명 68주년을 맞아 '모스크바 식당'이라는 원래 이름을 되찾았고 본격적인 대중식당으로 새출발을 했다.

그러나 옛날 라오모가 누린 영광의 시절은 다시 오지 않았다. 1980년대 이후 베이징에는 미국식 패스트푸드 식당과 서양식 레스토랑이 눈 뜨면 하나씩 새로 생겨났다. 1989년 미하일 고르바초프 소련 공산당 서기장이 베이징을 방문한 뒤 중-소 관계도 다시 정상화됐지만, 소련은 더 이상 중국의 든든한 사회주의 맏형이 아니었다. 중국도 소련도 각자 살길을 찾아 눈부시게 탈바꿈하는 중이었다.

사랑의 열병을 앓으며 전쟁 영웅이 되기를 바랐던 열여섯 살의 순진한 소년 건달 마샤오쥔이 20년이 흘러 얼굴에 개기름이 좔좔 흐르고 뱃살이 두둑한 교활한 성인 건달이 되어 베이징의 눈부신 햇살 속으로 다시 나타났을 때, 베이징은 "20년의 세월 속에서 현대 도시로 탈바꿈했고 옛 모습이라곤 찾아볼 수 없었다." 라오모도 그 옛날의 혁명과 낭만, <카추샤>의 추억이 남아 있는 곳이 아니다. 내가 모스크바의 붉은 광장 대신 베이징의 천안문 광장을 선택했듯이, 라오모 역시 '앞으로 더 잘나갈 수 있는' 생존법을 선택했다.

○ ○ ○

2021년 겨울, 베이징에 첫눈이 펑펑 쏟아지던 날. 아직 러시아 음식을 한 번도 먹어 보지 못한 중학생 아들을 데리고 라오모에 갔다. 천장 가득 하얀 눈꽃이 덮인 그곳에 가면 마치 한겨울 시베리아 횡단 열차를 타듯, 사락사락 눈 내리는 자작나무숲과 바이칼호를 지나 어느덧 모스크바의 붉은 광장으로 나를 데려다줄 것만 같았다. 오랫동안 잊고 살았던 '나의 러시아'로 말이다. 하지만 그곳에서 나를 맞이한 것은 봉사료가 10퍼센트 부과된다는 설명과 함께 '악' 소리 나는 가격대가 적힌 두껍고 무거운 메뉴판이었다. 이제 막 열다섯 살이 된, '햇빛 찬란한' 청춘 시절을 맞이하는 아들 녀석은 호기심 가득한 눈빛으로 식당 안을 두리번거리며 러시아인 가수가 부르는 노래 <카추샤>를 듣고 있었다. 오랫동안 주문을 못하는 나를 보자

녀석은 재빨리 눈치를 채고 이렇게 말했다.

"엄마, 돈 없으면 빨리 나가자!"

<햇빛 쏟아지던 날들>의 주인공 마샤오쥔과 그의 건달 친구들이 자주 보던 <1918년 레닌>이라는 소련 시절 영화에서는 레닌의 경호원인 바실리가 아내에게 빵 한 덩이를 양보하면서 이렇게 말한다.

"[전쟁이 끝나면] 빵도 있고 우유도 있고 모든 게 다 있게 될 거요."

그런데 말입니다, 바실리! 여기 베이징 라오모에는 빵도 있고 우유도 있고 모든 게 다 있습니다. 그런데 너무 비싸서 함부로 사먹을 수가 없단 말이오. 아시겠소? 바실리!

짜장면과 자장몐은
영혼이 다르다

우리 집에서 유일한 토박이 베이징 사람은 아들 녀석이다. 베이징에서 태어나고 자랐기 때문이다. 딸은 한국에서 태어난 지 두 달 무렵에 베이징으로 돌아와서 토박이라는 명예를 누리지 못한다. 하지만 토박이 베이징 사람인 아들 녀석이 가장 좋아하는 음식 중 하나는 한국 짜장면이다. 짜장면보다 더 좋아하는 음식은 한국 치킨이다. 어릴 때는 짜장면이 자기 고향인 베이징 음식인 줄도 모르고 엄마 고향인 한국 음식인 줄 알았다. 지금도 치킨의 고향은 한국이라고 생각하고 있을 것이다.

아이들이 초등학교에 입학했을 무렵, 베이징의 오래된 자장몐* 맛집인 '하이완쥐 라오베이징 자장몐 다왕'(海碗居老北京炸醬面大王)에 가서 '정통' 베이징 자장몐을 먹은 적

★ 짜장면은 자장몐(炸醬麵)의 중국어 발음이 변형된 것이다.

이 있다. 그때 처음으로(더 어릴 적에도 갔지만 기억하지 못했다) 베이징 자장몐을 맛본 아들 녀석은 "이게 무슨 짜장면이냐"며 "한국 짜장면 짝퉁 아니냐"고 따지듯이 물었다. 자기 고향 음식을 대표하는 자장몐 최고 맛집에 와서 감히 불경한 질문을 던진 것이다. 춘장 소스 윤기가 자르르 흐르는 한국 짜장면은 젓가락으로 휘리릭 잘도 비벼지는데 베이징 자장몐은 잘 비벼지지도 않을 뿐더러, 짜장 소스에 비벼진 면발을 우물우물 씹으면 입 안 가득 행복한 '단짠' 맛이 가득 퍼지는 한국 짜장면과 달리, 쓴맛과 짠맛밖에 안 난다는 것이다. 아들 녀석은 그 뒤로 두 번 다시 베이징 자장몐을 쳐다보지 않는다. 아무래도 내가 어릴 때부터 입맛을 잘못 길들인 것 같아서 짜장면의 '원조'인 베이징 자장몐에 여간 미안한 게 아니다.

10여 년 전에 우연히 알게 된 베이징 자장몐의 달인 왕씨 할아버지는 자신의 자장몐 기술에 대한 자부심이 대단했다. 베이징 야원춘 뒷골목에 '라오베이징 자장몐'이라는 간판을 내건 한 허름한 식당에서 자장몐 소스를 전담하던 왕씨 할아버지의 당시 나이는 78세. 베이징 토박이인 그는 열일곱 살 때부터 자장몐을 만들었다. 일흔 살쯤 일하던 식당에서 퇴직했지만 그의 솜씨를 아깝게 여긴 한 작은 자장멘 전문 식당 주인의 간청으로 퇴직 후에도 여전히 자장멘을 만들고 있었다. 왕씨 할아버지는 모든 음식에는 맛을 결정짓는 핵심이 있다며, 그것을 요리의 '영혼'이라고 불렀다. 그에 따르면 자장멘의 영혼은 비빔 소스인 자장을 볶는 비법이다.

베이징 자장멘 소스는 우리나라 짜장면 소스인 춘장과 조금 다르다. 대두를 익혀 발효시킨 장에 설탕과 캐러멜 등을 첨가한 것이 우리가 먹는 짜장면 소스 춘장인데, 중국식 자장멘 소스인 황장(黃醬)은 짠맛만 난다. 이 황장을 돼지고기 등과 적정한 비율로 잘 볶아서 만든 게 자장멘의 최종 소스다. 왕씨 할아버지에 따르면, 잘 발효시킨 최고 품질의 황장과 돼지고기를 선별한 뒤 불의 강약과 볶는 시간을 '장악하는 것'이 바로 맛있는 자장 소스를 만드는 비법이다. 그리고 쫄깃하게 늘인 면발과 계절마다 다른 제철 야채 토핑들이 자장멘의 '영혼을 불사르는' 동반자다.

왕씨 할아버지는 한국인들이 짜장면을 무지 좋아하고, 한국에는 교회만큼이나 짜장면 집이 널렸다는 소문을 들은 터라 언젠가 한번은 꼭 한국에 가서 짜장면을 먹어 보는 게 꿈이었다고 한다. 그러다 일흔 무렵 퇴직했을 때 온 가족이 큰 맘 먹고 한국으로 '미식 여행'을 떠났다. 인천

차이나타운에 가서 유명하다는 중화요리 맛집을 다니며 한국 짜장면을 먹었고, 김대중 전 대통령이 즐겨 먹었다는 서울 강남의 한 고급 중화요릿집에도 가서 최고급 짜장면을 먹어 봤다고 자랑했다. 하지만 왕씨 할아버지는 여행 자랑담 끝에 아리송한 미소를 지으며 이렇게 말했다.

"그게 무슨 자장몐이야! 그건 자장몐의 영혼을 모욕하는 맛이지. 어떻게 자장몐에서 그렇게 단맛이 날 수가 있느냐 말이야!"

○ ○ ○

"중국에 짜장면이 있을까요 없을까요?"

몇 년 전 텔레비전 음식 프로그램에서 '요리 달인' 백종원 씨가 베이징 거리를 배경으로, 사골국처럼 진하고 푸근한 표정을 지으며 시청자들에게 의미심장한 질문을 던졌다. 한국인들의 소울 푸드가 되다시피 한 짜장면의 '원조국' 중국 베이징의 자장몐 맛집을 찾은 백종원 씨도 중국식 자장몐을 짠맛으로 표현했다. 그러면서 그는 베이징 자장몐과 한국 짜장면의 유래도 설명했다. '설'이라는 전제하에 그가 들려준 베이징 자장몐의 유래는, 1900년 8개

국 연합군이 베이징에 쳐들어왔을 무렵으로 거슬러 올라
간다.

8개국 연합군이 베이징으로 진군해 들어오자 서태후
와 황제 일행은 긴급히 피란을 떠났다. 서태후 일행이 시
안에 도착한 어느 날, 길거리 한 식당에서 맛있는 냄새를
풍기는 면 요리를 보고 맛을 보았다. 그 맛에 반한 서태후
가 베이징으로 돌아오는 길에 길거리 식당 요리사를 베이
징으로 데려와 만든 게 지금 베이징 자장멘의 유래가 되었
다는 것이다.

이 '설'은 중국에서도 많이 회자된다. 하지만 중국 음
식 문화 연구 전문가들은 신빙성 있는 유래로 받아들이지
않는다. 우리나라에 처음 짜장면이 들어온 시기와 모순되
기 때문이다. 우리나라에 짜장면이 처음 전해진 시기는
1882년 임오군란 무렵이다. 당시 청나라 군인들과 함께
들어온 산동 출신 노동자들에게서 전해졌다고 한다. 임오
군란은 서태후가 시안으로 피란을 떠나기 약 18년 전에 일
어났다. 더군다나 자장 소스를 만드는 원료인 대두의 주
생산지는 동북 지방인데, 서부 지역에 위치한 시안에서 자
장멘 소스인 황장이 먼저 만들어졌을지도 의문이다.

『라오베이징 잡담』[7]을 쓴 민속학자 왕융빈에 따르면,

베이징 자장멘의 유래는 청나라 제8대 황제 도광제 시대(재위 1820~1850년)에 베이징의 룽푸쓰 거리에 있던 식당 룽성반점에서 유래했을 가능성이 크다. 그 식당에는 '량란러우몐'(涼爛肉面)이라는, 베이징에서 아주 유명했던 면 요리가 있었다. 삶아서 찬물에 세 번 헹궈 낸 차가운 면발 위에 거의 으깨질 정도로 흐물흐물하게 푹 삶은 고기와, 목이버섯 등 각종 야채를 볶아서 만든 소스 국물을 부어 비벼 먹는 요리였다. 거기다 채 썬 오이와 다진 마늘 등을 얹어 먹으면 더 상큼한 맛이 났다고 한다. 왕융빈은 량란러우몐이 오늘날의 베이징 자장멘으로 진화했을 것으로 봤다.

이런저런 온갖 '설'을 종합해 봐도 베이징 자장멘의 역사는 불과 150여 년밖에 안 된다. '라오베이징 자장멘'이라고 부르는 베이징 자장멘이 본격적으로 베이징 서민들이 즐겨 먹는 대표 음식이 된 것은 1960년대 이후다. 오히려 19세기 말 처음 우리나라에 들어온 자장멘이 화교들을 통해 한국화된 입맛으로 개조돼 '짜장면'으로 재탄생했고, 이는 1970년대 '철가방'의 등장과 더불어 중국보다 더 빨리 한국인의 소울 푸드가 됐다.

사실 베이징에는 고유의 특색 있는 음식이 거의 없다. 수도의 특성상, 전국 각지의 온갖 먹거리와 문화가 모이고 뒤섞이다 보니 베이징 음식이라고 할 만한 게 거의 없다. '서울 음식'이 뭐냐고 하면 떠오르는 게 별로 없는 것과 똑같다.

그러나 자장몐만은 유일하게 '라오베이징'이라는 수사가 붙는다. 자장몐의 원조가 베이징이고 어떤 지역도 라오베이징을 능가하는 자장몐을 만들 수 없다는 강한 자부심이 담겼다. 베이징 자장몐 식당들은 죄다 간판에 '라오베이징 자장몐'이라고 써놓았다. 어떤 집이 가장 오래된 원조인지는 아무도 모른다. 왕씨 할아버지가 자신이야말로 정통 자장몐을 만드는 장인이라고 주장하는 것과 같다.

베이징이 고향인, 셰익스피어 연구의 권위자이자 유명 미식 수필가인 량스추는 「국수」라는 수필에서 "나는 어릴 때부터 자장몐을 먹고 자랐다."며 고향 음식인 자장몐에 대한 추억과 그리움을 소회했다.[8] 그는 자장몐 한 그릇이 일으킨 기적 같은 일화도 들려줬다.

누이동생이 어느 날 장티푸스류의 병에 걸렸는데, 의사는 더 이상 살 가망이 없으니 동생에게 먹고 싶은 거라도 실컷 먹게 하라고 당부했다. 어머니가 동생에게 '뭘 먹고 싶으냐'고 묻자, 동생은 다 죽어 가는 목소리로 자장몐이 먹고 싶다고 했다. 당장 자장면 한 그릇을 만들어 먹였다. 동생은 자장면을 먹자마자 바로 자리를 털고 일어나 며칠 뒤 기적처럼 병이 나았다.[9]

○ ○ ○

최근 한국 언론은 중국과의 각종 원조 논쟁을 보도하고 있다. 중국에서 우리나라 김치의 원조가 파오차이(각종 절임 채소류)라고 주장하고 한복과 비빔밥, 삼계탕 등도 중국이 원조라고 주장한다며 이는 명백한 문화 동북공정이자 더 나아가 문화 침략이라는 일부 '전문가'의 견해까지 곁들여 원조 전쟁에 불을 붙이고 있다. 몇 년 전 벨기에와 프랑스도 프렌치프라이를 둘러싸고 격렬한 원조 논쟁을 벌였다. 그런데 아무리 생각해도 잘 모르겠다. 원조가 그렇게 중요한 문제인가?

한국 김치와 중국 파오차이는 영혼이 다른 음식이다. 둘의 차이를 가르는 영혼은 양념, 즉 고추와 고춧가루에 있다. 고추는 처음 어디에서 왔는가? 16세기 '콜럼버스의 대교환'으로 멕시코와 페루 등지에서 아시아 지역으로 들어와 우리나라 김치에 영혼을 불어넣지 않았나. 모든 음식은 원재료가 변신한 것이다. 원재료가 각자 입맛에 맞게 가공돼 특유의 맛을 내는 '음식'으로 재탄생되는 것이다.

한국 짜장면과 베이징 자장멘의 영혼이 달라진 이유도 그렇다. 짜장면은 한국 음식화됐고, 자장멘은 베이징 토박이들의 음식으로 정착됐다. 중국 파오차이가 김치가 될 수 없는 이치도 마찬가지다. 대다수 중국인은 김치를 중국 음식으로 생각하지 않는다. 하지만 파오차이는 '중국 것'이라고 여긴다. 애초부터 김치를 '파오차이'로 퉁쳐서 중국에 소개한 것이 잘못이다. 중국 길거리에서 아무나 붙잡고 물어봐라.

"중국에는 김치가 있을까요, 없을까요?"

왕씨 할아버지의 주장처럼 '영혼이 다른' 음식을 두고 원조 논쟁을 하는 것은 상상의 적을 만들 뿐이다. 우리는 짜장면과 김치를, 중국인은 자장멘과 파오차이를 각자 맛있게 먹으면 된다. 이제부터 우리는 각자의 '영혼'에 대해 이야기해 보는 게 어떨까.

식욕의 해방과
'진정한 공산주의'

코로나19가 한창 퍼지고 있을 때, 우한에 사는 중국인 친구가 어느 날 자신의 소셜네트워크에 이런 글을 남겼다.

"정체를 알 수 없는 이 악마 같은 바이러스가 나의 도시를 습격하고 수많은 이웃들과 내 동포들이 죽거나 쓰러져 가고 있을 때, 나는 매일 아침 오직 한 가지만 생각했다. 오늘도 러간멘[우한에서 아침에 자주 먹는 국수]은 못 먹겠구나 …."

나도 모르게 입에 침이 고였다. 우한에 갔을 때, 이른 아침에 창장대교 주변의 노천 식당에서 김이 모락모락 나는 따끈한 러간멘 한 그릇을 후루룩 맛나게 먹던 기억이 떠올랐기 때문이다. 러간멘을 파는 식당이 있는 곳이라면 어디라도 당장 '목숨 걸고' 달려갈 수 있을 것 같았다. 그 친구 역시 내일 죽더라도 오늘은 러간멘 한 그릇을 먹고 싶은 마음이 간절했으리라. 그것은 '살아 있을 때' 일상이 주는 소박하고 평범한, 가장 원초적인 삶의 힘이었을 것이다. 위대하신 공자님도 말씀하시질 않았나. "무릇 살아 있는 사람이란 두 가지 일에서 벗어날 수 없나니, 식욕과 색욕이 바로 그것(食色性也)"이라고. 코로나 바이러스가 제아무리 포악하고 비인간적이어도 먹고 사랑하는 인간의 본성까지 앗아가지는 못하는 법이다.

마찬가지로, 아무리 굶주리고 헐벗어도 절대로 '죽지 않는 것'은 식욕과 탐식이다. 중국 최초로 노벨 문학상을 수상한 작가 모옌은 「먹는 일」이라는 자전적 수필에서, 한때 자신이 얼마나 광적으로 '먹는 일'에 집착하고 혈안이 되었는지를 고백했다.

최근에는 배곯을 일도 없고 배 속에는 기름기가 가득하지만, 일단 연회에 가면 다른 사람이 나를 어떻게 보건 말건 항상 마음이 다급해져서, 배불리 못 먹기라도 할까 봐 음식을 미친 듯이 쓸어 담는다.[10]

글의 말미에서 모옌은 "지난 30년간의 '먹는 일'에 관한 기억을 떠올려 보면, 자신은 항상 코를 킁킁거리며 사방으로 먹을 것을 찾으러 다니는 한 마리 돼지나 개와 별반

차이가 없었다."[11]고 자책했다. 모옌은 왜 그렇게 채신머리없이 식탐을 부렸을까. 그것은 뇌 속에 각인된 굶주림에 대한 공포 때문일 것이다.

1955년에 태어난 모옌의 성장기는 늘 굶주림과의 투쟁이었다. 그 시기에 중국에서 태어난 세대가 모두 경험했듯이, 1958년부터 시작된 대약진운동과, 곧바로 불어닥친 자연재해는 중국 인민을 기아와 아사로 내몰았다. 마오쩌둥은 당시 세계에서 가장 잘사는 국가인 영국과 미국을 따라잡자며 급속한 공업화 전략인 대약진운동을 밀어붙였다. 하지만 이름만 거창한 이 운동의 실상은, 마을마다 할당된 철강 생산량을 높이기 위해 북과 꽹과리를 치며, 집 안에 숨겨 둔, 철로 된 것을 모두 수거해 용광로에 쏟아 붓는 것이었다. 음식을 요리하는 솥이나 냄비가 사라졌으니 사람들은 어떻게 밥을 해 먹었을까?

인민의 노동력을 효율적으로 관리하기 위해 마오쩌둥은 마을마다 '공산주의로 가는 황금 다리'라고 부르는 인민공사를 만들었다. 그리고 모든 여성을 가사노동에서 해방시켜 준다며 인민공사 내에 공동 식당과 탁아소를 만들어 여성이 더 이상 밥 하고 아이를 보며 '노동력을 낭비하지 않도록' 했다. '여성이 하늘의 절반을 떠받치고 있다'며 마치 여성 해방을 주창한 것처럼 들리는 마오쩌둥의 여성 해방론도 사실상 감춰진 절반의 진실은, 각종 치수 사업과 철강 생산에 여성 노동력을 활용하기 위한 것이었다. 마오쩌둥은 이렇게 선언했다.

"우리는 의식주로 공산주의를 시작할 수 있다. 공동 식당, 무상 식량, 그게 바로 공산주의다!"

하지만 모옌이 경험한 공동 식당의 풍경은 전혀 달랐다. 어느 날 모옌이 공동 식당에 줄을 서서 배급을 기다리고 있었다. 이웃집 아이와 그 엄마가 앞에서 희멀건 죽 한 사발을 배급받아 오는 길에 그만 아이가 넘어지면서 귀중한 죽이 땅바닥으로 쏟아졌다. 당시는 대약진운동과 가뭄 등 자연재해의 영향으로 전국에 곡식이 씨가 마른 상태라 공동 식당에서 배급해 주는 식사라고 해봐야 풀 몇 포기 들어간 죽 한 사발이 고작이었다. 엄마는 아이 등짝을 때리며 통곡했다. 그러자 아이는 잽싸게 바닥에 엎드려 쏟아진 죽을 핥아 먹으며 엄마에게 말했다.

"엄마 지금 울 때가 아냐. 빨리 핥아 먹어. 조금이라도 핥아 먹는 게 남는 거야."

그러자 엄마도 눈물을 닦고 바닥에 엎드려 어린 아들과 함께 죽을 핥아 먹더라는 것이다. 이를 지켜본 사람들은 그 아이를 '나중에 크게 될 녀석'이라고 입에 침이 마르도록 칭찬했다.

모옌이 겪은 진정한 공산주의는 조금이라도 배고픔을 면하기 위해 자원한 군대에서의 식사였다. 만두를 배 터지게 먹을 수 있고 정제된 밀가루로만 만든 음식을 먹으며, 옥수수는 남아돌아서 돼지 사료로나 주는 군대의 풍족한 '식생활'을 본 동료 군인의 아버지는 너무 감탄한 나머지 이렇게 말했다고 한다.

"이게 바로 공산주의야!"

○ ○ ○

중국 인민이 고대하던 진정한 공산주의는 마오쩌둥 사후에야 실현되었다. 중국 인민에게 공산주의는 대약진이나 계급투쟁과 같은 거대한 이념이 아니라 배를 채울 수 있는 '밥'이었다. 마오가 사망하고 문화대혁명이 끝나면서 중국은 개혁·개방이라는 문을 열었다. 그리고 그 열린 문으로 마오가 '자본주의 생활 방식'이라고 비판했던 문화들이 우르르 쏟아져 들어왔다. 개혁·개방 이후 중국은 한마디로 소비혁명의 시대였다.

1978년 중국 길거리에는 나팔바지를 입은 젊은이들이 출몰했다. 그해 상영된 일본 영화 <망향>(望鄕)에서 여자 주인공이 입었던 나팔바지가 크게 유행하면서 혁명 시대의 유산인 군복을 벗어던지고 팔랑거리는 나팔바지와 나일론 셔츠를 입은 젊은 남녀가 그동안 금기시되던 공개 연애를 했다. 이어 '자본주의와 미 제국주의의 음료수'를 상징하던 코카콜라가 중국의 심장부, 수도 베이징에 상륙했다. 1979년 중국과 미국이 수교한 뒤, 그해 말 홍콩을 거쳐 들어온 코카콜라가 베이징의 외국인 전용 상점인 요이상점(友谊商店)에 진열되었다. 불과 1~2년 전까지만 해도 "계급투쟁"과 "주자파를 타도하자"는 구호가 방방곡곡 울려 퍼지던 베이징에서 나팔바지를 입고 코카콜라를 마시며 연인과 팔짱을 낀 채 "팔로우 미!"를 외치며 천안문 광장에서 영어 공부를 하는 젊은이가 시대의 주류가 되었다. 그리고 그 틈으로 '외식의 자유'도 들어왔다.

　　1979년 덩샤오핑은 청년 실업 해소와 인민에게 더 많은 돈을 벌 방법으로 자영업 식당과 술집 등을 열 수 있도록 허락했다. 시대의 흐름에 맞춰 발 빠르게 움직인 웨빈 반점(悅賓飯店) 사장 부부는 1980년 자금성과 천안문에서 멀지 않은 오래된 골목에 중국 제1호 개체호 식당 웨빈반점을 차렸다. 개체호의 사전적 뜻은 '다른 사람을 착취하지 않고 혼자 힘으로 먹고사는 노동자로, 노동자 개인과 그 가족 구성원을 위주로 하고 자신이 가진 생산 자료와 자금으로 독립적인 생산과 경제활동에 종사하는 이들'이다. 바로 자영업자다. 1980년 말 정식 영업허가증을 받은 뒤, 입구에 '중국 제1호 개체호 식당'이라는 간판을 내걸고 지금까지 40년 이상 같은 자리에서 3대를 이어 경영하고 있다.

웨빈반점이 연일 문전성시를 이루며 외식 문화가 신분을 과시하는 상징처럼 되자, 전국에 개체호 식당이 우후죽순으로 생겨났다. 이제 인민은 땅바닥에 쏟아진 죽을 핥아먹지 않아도 되고, 자기 돈을 내고 마음껏 더 주문해서 먹는 '소비의 자유'를 만끽했다. 웨빈반점이 문을 연 뒤, 베이징을 중심으로 '외식하러 간다' '내가 밥 한 끼 살게'라는 말이 유행했다.

'소비하자'는 호소는 일종의 위로부터의 정치 동원이라고도 할 수 있다. 이런 정치 동원은 과거에 혁명을 호소하던 때처럼, 1980년대 사람들에게 더 많은 상품을 소비하라고 부추겼다. 과거에는 소비를 억누르고 걸핏하면 '정치적 잘

못'과 '도덕적 타락'으로 연결했지만, 1980년대 중·후반부터는 소비 행위에 도덕적인 합리성을 부여해 줬다. 소비를 격려하는 것이 바로 인민 생활을 개선하는 가장 효과적인 수단임을 명확하게 인식했기 때문이다. … 20세기의 1980년대에 중국은 혁명 광조증 국가에서 벗어나 상업 사회 청춘기로 진입했고, 소비 호르몬이 왕성하게 분비됐다.[12]

나팔바지를 입고 자유연애를 즐기며 '자본주의의 톡 쏘는 맛'인 코카콜라까지 맛본 중국 인민은 웨빈반점에서 식욕의 해방까지 누리자, 그제야 '돈이 곧 계급'이고 소비의 자유와 해방을 가져온다는 '진리'를 깨달았다. 그러자 중국인들은 너도나도 돈의 바다에 뛰어들었고, 곧이어 배금주의 시대가 왔다.

옛날 공동 식당 땅바닥에 쏟아진 죽을 핥아먹어서 주변 어른들에게 '나중에 크게 될 녀석'이라는 찬사를 받았던, 모옌의 이웃집 아이도 훗날 마을에서 가장 돈을 많이 번 부자가 됐다. 모옌에 따르면 그는, 옛날과 달리 먹을 게 풍성해진 현대인들이 건강식품에 관심이 많다는 것을 간파해, 굶주리던 시절 자신이 자주 먹던 산나물과 메뚜기,

여러 식용 벌레를 잡아서 부자나 고급 식당 등에 비싼 값으로 팔아 돈을 벌었다.

모옌의 말마따나, 배곯던 시절이나 배에 기름기 잔뜩 낀 시절이나 사람들은 여전히 풀과 나무, 벌레와 물고기 같은, 지지리 가난했던 시절에 먹은 촌스럽고 토속적인 음식을 먹는다. 하지만 같은 음식을 먹어도 그 목적은 다르다. 지금은 배를 채우기 위해서가 아니라 배에 낀 두둑한 기름기를 제거하기 위해서 먹는다. 그사이 중국인은 수많은 웨빈반점에서 너무 많은 기름진 음식을 허겁지겁 쓸어 담으며 과식했다. 모옌이 늘 그랬던 것처럼 말이다. 이제 기름기를 뺄 때도 되었다. 여전히 양껏 배가 차지 않는 건 오로지 그리고 앞으로도 영원히 '돈'뿐일 것이다.

○ ○ ○

우한에 사는 친구는 드디어 매일 아침 김이 모락모락 나는 러간멘을 먹게 됐다. 나도 마음만 먹으면 언제든 러간멘을 파는 식당에 갈 수 있게 됐다. 막상 매일 먹을 수 있게 되니 더는 '목숨 걸고' 당장 달려가고 싶은 생각이 사라졌다. 그 친구도 아침마다 '오늘은 러간멘을 먹을 수 있겠구나'라며 마냥 행복해하고 있을까. 어쨌든 우리에게는 지금, 내일 죽더라도 오늘은 러간멘을 먹을 수 있는 자유의 문이 열렸다. 그래서 행복한지는 일단 먹고 난 뒤 생각해보겠다.

혁명은 가도
춤바람은 살아남았다

중국에 처음 왔을 때 가장 신선했던 충격은 연인들의 대범한 애정 행각이었다. 버스 정류장에서 남들이 보건 말건 껴안고 키스를 하는 건 흔한 일상이었고, 거리와 공원, 광장 등 온갖 장소에서 낯 뜨거운 애정 행각이 벌어졌다. 나는 마치 중화애정공화국에 연애 혁명을 견학하러 온 연애 촌뜨기처럼 한동안 두 눈을 똑바로 들지 못하고 힐끔거리며 이 놀라운 신세계를 관람했다.

당시 중국인들은 한창 뜨거운 연애를 '공개적으로' 즐겼다. 1978년 개혁·개방 직후, 중국에서 가장 유행한 것은 연애였고, 중국인들은 거리에서 그동안 억눌렸던 사랑의 감정을 마음껏 표출했다. 그리고 마치 이날을 기다렸다는 듯이 1979년 말, 그 유명한 세기의 명곡 덩리쥔의 <첨밀밀>이 중국인들의 심장을 뒤흔들었다.

"달콤해요, 당신의 미소는 아주 달콤해요. 마치 봄바

람에 피어난 꽃 같아요~."

개혁·개방 전까지만 해도 중국인들에게 연애는 밀실이나 지하 세계에서 은밀히 나누는 밀애에 가까웠다. 물론 20세기 초 미국의 금주법 같은 '공개 연애 금지법'이 중국에 있었던 건 아니지만, 혁명에 대한 열정과 동지애를 뛰어넘는 남녀 간의 공개 연애는 공공연한 사회적 금기였다. 하지만 미국에서 금주법이 있을 때도 전설적인 마피아 '대부' 알 카포네가 밀주 공장을 만들어 사람들에게 술을 공급했는데, 하물며 알코올보다 강한 사랑을 어찌 막겠는가.

공개 연애가 금기시된 시대에, 중국인들의 합법적인 공개 밀애 장소는 무도장이었다. 남녀가 손을 맞잡고 스텝을 밟으며 은밀한 눈길을 교환하기에는 무도장만큼 적합한 장소도 없었을 것이다.

중국에 와서 놀란 것 중에 또 하나는 '한 뼘의 공간만 있어도' 춤을 추는 중국인들의 모습이다. 공원과 광장, 아파트 단지 공터 곳곳에서 사교춤은 기본이고 플라멩코와 탱고를 추는 이도 많았다. 심지어 "세상에는 절대로 아무런 이유 없는 사랑은 없다. … 진정한 인류애는 전 세계에서 계급이 소멸한 뒤에라야 있다."[13]라고 했던 마오쩌둥도 춤만큼은 '아무런 이유 없이' 사랑했다. 국민당군의 토벌을 피해 '숨어 있던' 옌안의 공산당 근거지 토굴에서도 주말마다 흥겨운 춤판이 벌어졌다. 마오쩌둥과 그의 세 번째 부인 허쯔전은 '춤바람 난' 마오 때문에 약 10년간의 결혼 생활에 종지부를 찍기도 했다.

> 마오쩌둥은 처음에는 춤을 배우려고 하지 않았고 박자 감각도 떨어졌지만 나중에는 무도회의 단골이 되었다. 매주 토요일 밤, 중앙 지도자들은 거의가 다 무도회가 열리는 장소로 모여 들었고, 이는 당시 옌안의 일상적인 풍경이었다. 고위 지도자들이 춤을 추기 시작하자 옌안문화구락부는 전문 춤교습반까지 만들었다.[14]

박자 감각도 떨어졌지만 춤을 사랑하게 된 마오쩌둥은 미국인 기자 아그네스 스메들리를 '춤 선생' 삼아서 밤마다 그가 기거하는 토굴로 찾아갔다. 스메들리는 쑨원의 부인 쑹칭링과, 『중국의 붉은 별』을 쓴 에드거 스노의 추천을 받아서, 1937년 옌안의 공산당 혁명 근거지로 취재를 온 미국인 여성 기자다. 당시 그는 서양의 사교춤뿐만 아니라, 한 번도 외국을 가본 적이 없던 마오쩌둥에게 서양 세계의 다양한 문화와 사상을 소개했다. 스메들리 옆에는 그림자처럼 붙어 다니는 통역 요원 우광웨이라는 젊고 아름다운 여성이 있었는데, 그는 마오와 허쯔전의 결별에 결정적 계기로 작용했다. 중국 공산당 내부에서 '우광웨이 사건'이라고 하는, 마오와 우광웨이의 스캔들은 춤 때문에 일어났다.

당시 젊고 아름다운 여성들이 혁명의 꿈을 품고 옌안으로 몰려들어, 혁명가들과 무도회장에서 만났다. 대장정 과정에서 남편과 온갖 고난을 함께했던, 그리고 옌안 공산당 간부들의 아내이기도 했던 여성 혁명가들 역시 옌안에 부는 춤바람을 곱게 보지 않았다. 허쯔전도 밤마다 스메들리와 우광웨이가 사는 토굴을 찾아가는 남편 마오에게 불만을 품다가 어느 날 밤 토굴을 급습했다. 우광웨이와 마오가 다정하게 어깨를 맞대고 연인처럼 시시덕거리는 모습을 본 허쯔전은 눈에 불을 뿜으며 우광웨이에게 달려들었으며 두 사람은 뒤엉켜 싸웠다. 이 사건 이후 마오와 허쯔전의 부부 생활은 사실상 끝이 났다. 그해 말 허쯔전은 옌안을 떠났다. 동시에 스메들리와 우광웨이도 옌안에서 추방됐다.

공교롭게도 허쯔전이 옌안을 떠나고 불과 두세 달 뒤, 상하이에서 이름을 날리던 배우 장칭이 옌안에 도착했다.

그는 옌안 무도회장에서 마오의 시선을 끌었고, 두 사람은 허쯔전이 떠나고 약 1년 뒤인 1938년 11월 정식으로 결혼 했다(장칭은 나중에 중화인민공화국의 퍼스트레이디가 된다). 장칭은 중난하이에서 정기적으로 열리는 무도회에서 가장 '존재감이 빛나는' 춤꾼이었다고 한다. 아무 이유 없이 결 별하는 커플은 없다. 마오와 허쯔전 커플도 춤바람 앞에서 10년 동안 쌓아 온 '혁명적 동지애'가 무너져 내렸다.

○ ○ ○

1949년 중화인민공화국이 세워진 직후, 중국 정부는 적극적으로 춤을 장려했다. 1930년대 소련의 관영 매체 『프라우다』 등이 중심이 되어 "여성은 매력적이어야 한 다"며 아름답게 치장하라 하고, 스탈린이 자국민에게 적 극적으로 '재미있게 놀고 춤추는 것'을 장려한 것과 같은 맥락이다. 아름다운 옷을 입고 잘 치장한 남녀가 거리나 광장에서 자유롭게 춤을 춘다는 건, 곧 사회주의의 개방성 과 행복한 인민의 모습을 대내외에 선전하기에 아주 효과 적이었기 때문이다.

중국 언론도 젊은 여성들을 향해 "아가씨들이여, 아

름다운 옷을 입고 자신을 꽃처럼 치장하라"[15]고 공개적으로 요구했다. 거리에는 화려한 꽃무늬가 그려진, 러시아어로 원피스를 뜻하는 '부라지' 패션이 대유행했다. 거리와 광장에서는 부라지를 입은 남녀가 사교댄스를 추는 장면이 1950년대를 풍미했다. 이런 춤바람은 1960년대 중반 문화대혁명 직전까지 계속됐다.

개혁·개방 직후인 1980년 초, 중국 정부는 한때 공공장소에서 열리는 '춤파티'를 금지했다. 당시 중국은 약 10년 동안 문화대혁명으로 닫혀 있던 문을 열고 세계를 향해 손짓하고 있었다. 중국에 카세트테이프 녹음기가 막 들어왔는데, 동네방네 이 녹음기를 틀어 놓고 춤추는 온갖 무리의 사람들로 넘쳐 났다. "광장이 있는 곳에서는, 웅덩이든 구덩이든 간에 항상 춤을 추는 사람들이 있었다."[16]

이들로 인해 여러 사회문제가 일어나자, 1980년 6월 14일 중국 공안부와 문화부에서 공동으로 "영업성 무도회 및 공공장소에서의 자발적 무도회 금지에 관하여"라는 통지문을 발표했다.

그럼에도 멈출 수 없었던 중국인들은 삼삼오오 집에서 춤파티를 열었고, 이에 못 이기는 척 중국 정부도 얼마 못 가 전문 댄스홀 영업을 허가했다. 하지만 댄스홀 등장은 더 심각한 사회문제를 낳았다. "댄스홀에서 춤을 추다가 정이 들어서 부부가 된 사람들도 있지만, 불륜으로 가정이 깨진 경우도 많았다. 그래서 댄스홀에선 자주 파트너 문제로 싸우는 사건이 일어났다."[17]

중국 정부는 끝내 춤바람을 잠재우지 못했다. 1930년대 옌안의 토굴에서도 그리고 1950~60년대 사회주의혁명 건설에 매진하던 때도 인민이 공원이나 광장에서 춤을 멈출 수 없던 이유는, 그것이 유일한 대중오락이자 최소한의 인간적 유대를 경험하는 기회였기 때문이다. 2000년대 들어 중국 전역에 붐을 일으킨 '광장춤'도 비슷한 맥락이다.

○ ○ ○

프랑스 파리에는 프렌치 캉캉을 추는 극장 물랭루주가 있고, 아르헨티나 부에노스아이레스에는 탱고를 추는 밀롱가가 있다. 스페인에는 플라멩코를 추는 타블라오가 있고, 브라질 카니발에선 삼바가 펼쳐진다. 지금 중국을 대표하는 춤은 광장춤이다. 말 그대로 드넓은 광장에서 춘다. 이 춤을 추는 연령층은 주로 40대 이상 '다마'(大媽)다. 그래서 '다마춤'이라고도 한다. 다마는 우리말로 하면 '아줌마'인데, 중국에선 보통 40대 이상의 중년 여성을 일컫는다.

한국에서도 '아줌마'에 대한 여러 가지 사회적 편견이 존재하는 것처럼, 중국에서도 다마와 광장춤을 바라보는 사회적 시선이 곱지만은 않다. 다마는 '큰 소리로 떠들고 새치기는 기본인 데다 전 세계로 몰려다니며 중국 망신을 시킨다'는 비난을 받기도 한다. 하지만 광장으로 몰려나와 집단 춤을 추는 그들을 이해하는 다른 시선도 있다.

> 다마들은 어릴 적에는 (각종 혁명 사업으로) 학업을 소홀히 했고, 젊어서는 농촌으로 하방을 당하는 등 무수한 고난을 겪었으며, 중년이 막 지났을 무렵에는 정리해고를 당해 실업자가 되었다. 또한 그들은 집안일을 도맡아 해야 했고 자식을 기르는 동시에 노인을 부양해야 하는 세대였다.[18]

다마들에게 광장춤은 집단주의 시대의 익숙한 공간에서 자신과 비슷한 사람들을 만나 '일상의 기쁨'을 추구하는 유일한 오락이다. 그들에게 광장은 미국 사회학자 레이 올든버그가 말한 "집 같은 편안함을 느끼게 해주는 제3의 장소"다.

노을이 붉게 물들어 가는 여름날 저녁, 피렌체의 종탑은 저녁 기도 시간을 알리고 사람들은 하루 일을 마치고 광장으로 모여든다. … 수많은 사람이 저마다 다른 생각을 가지고 있으며, 최신 소식과 여러 질문과 고민 상담, 갖가지 농담이 활발하게 뒤섞인다. 이것은 피렌체 사람들의 낙이다.[19]

광장춤 역시 중국의 다마들이 하루를 보내는 낙이다.

"레이디스 앤드 젠틀맨 아싸 또 왔다 나 … 기분 좋아서 나 … 터질 것만 같은 행복한 기분으로 … 지금 내가 있는 이 땅이 너무 좋아 이민 따위 생각한 적도 없었고요 … 모든 게 마음먹기 달렸어 어떤 게 행복한 삶인가요."

오늘도 광장에는 한국 노래 거북이의 <빙고>가 흘러나오고 중국 다마들은 '부끄럼 없는 투명한 마음으로' 신나게 춤을 추고 있다. 그 옛날의 혁명은 죽었어도 광장의 춤은 살아남았다.

이 생선을 보니
셰익스피어 문장이 떠오르는군요!

영앤리치(젊은 부자)가 되고 싶다는 딸아이가 좋은 사업 아이템이 있다며 동업을 제안했다. 사업의 주역은 엄마이고 자신은 기술 보조 역할이라며 7 대 3의 지분 계약을 하자고 했다. 투자금은 한 푼도 필요 없고 오직 '쪽팔릴 용기'만 있으면 된다고 꼬드겼다. 틱톡이나 콰이서우(快手) 등 중국에서 인기 있는 쇼트클립 플랫폼에 계정을 만들어서 '한국 아줌마의 베이징 일상'을 주제로 매일 짧은 동영상을 올려 보자는 게 딸아이가 제안한 '좋은' 사업 아이템이다. 평소의 언행과 일상을 그대로 보여 주기만 하면 조만간 우리는 돈방석에 앉는 건 물론이고 중국에서 가장 유명한 외국인 왕훙(인터넷 스타)이 될 수도 있다며, 노후 보험 드는 셈 치고 자신과 함께 새로운 미래를 개척해 보자고 했다.

　쪽팔릴 용기가 없는 나는 "찌질한 엄마의 일상을 팔아서 돈을 벌고 싶냐!"며 "사는 것도 찌질한데 돈도 그렇게 찌질한 방법으로 벌고 싶지 않다."고 일언지하에 거절했다. 그러자 딸아이가 말문을 막히게 하는 명언을 남기고 자기 방으로 사라졌다.

"왕홍이 뭐 특별한 줄 알아? 다 자기들 찌질한 일상을 팔아서 돈 버는 사람이야! 엄마가 매일 틱톡이나 위챗 라이브에서 감동하며 보는 〈나나 엄마의 일상〉(중국 저장성 농촌에서 다운증후군 딸을 키우며 살아가는 일상에 관한 짧은 동영상)도 그런 거야. 또 엄마가 너무 재밌다고 깔깔 웃으면서 보는 〈연변 총각의 일상〉도 내용을 보면 얼마나 찌질해? 맨날 친구랑 둘이 밭에서 풀 뜯어 이상한 요리 한두 가지 해 먹으며 쓸데없는 얘기하는 게 전부잖아. 그런 걸 엄마는 재밌다고 매일 보면서 나한테도 보라고 추천하지 않았어? 그런 찌질한 일상이 돈이 되는 시대라고! 뭘 알기나 해?"

○ ○ ○

딸아이 말처럼 '찌질한 일상'이 돈이 되는 시대가 오긴 왔다. 2005년 무렵 누구든지 크리에이터(창작자)가 되어 마음대로 원하는 동영상을 제작해 올려서 구독자를 확보할 수 있는 세계 최대의 비디오 플랫폼 유튜브가 생긴 이후, 전 세계는 온통 크리에이터의 세상이 됐다. 70대 무명인 박막례 할머니가 하루아침에 세계적인 스타가 된 것도 눈 깜짝할 순간이었다. "미래에는 누구나 15분이면 유명해질 수 있다."고 했던 앤디 워홀이 살아 있다면 이 믿을 수 없는 '신세계 풍경'에 입을 다물지 못했을 것이다.

스마트폰만 있으면 누구나 크리에이터가 되고 덤으로 돈을 버는 것은 물론, 유명 인터넷 스타가 될 수 있는 시대는 중국에도 찾아왔다. 화물차 기사, 구이저우성의 가난한 마을에서 전통 악기를 연주하는 소수민족, 간쑤성 오지 마을에서 산초나무 열매를 키우는 젊은 여성 농민이 왕훙이 되는 세상이다. 쓰촨성의 한 마을에서 할머니와 함께 살던 20대 여성 리쯔치가 자연 요리 일상을 담은 동영상으로 일약 갑부가 되고 중국 최고의 인터넷 스타가 된 전설은 벌써 까마득한 옛일이다. 중국 스마트폰과 인터넷 동영상 플랫폼에는 매일 새로운 왕훙의 역사가 갱신되고 있다.

2020년에는 '가짜 진둥 사건'이 중국 쇼트클립에서 화제가 됐다. 진둥은 중국에서 중년 여성에게 인기 있는 남자 배우다. 그런데 이 진둥이 중국 내 각종 쇼트클립에 나타나 주로 60대 이상의 '누나 시청자'를 대상으로 취향

저격을 하며 폭풍적인 인기 몰이를 했다.

차오융전, 69세. 그녀는 69년 동안 연애해 본 적이 없다. 남편은 있었으나 술 마시는 것 외에 다른 걸 할 줄 모르는 사람이었고, 어느 날 술에 취해 무단 횡단을 하다가 사고로 죽고 말았다. 2020년 봄, (코로나19로 인해) 집에 갇혀 있던 그는 평상시처럼 스마트폰 속의 쇼트클립 플랫폼을 열었다. 영상 속에서 튀어나온 남자는 부드러운 음성으로 자신을 향해 노래했다. 노래한 뒤에 그는 "누나, 당신은 나의 유일한 사람이에요."라고 말했다. 차오융전은 살아오면서 한 번도 자신에게 이런 말을 한 남자가 없었다는 사실을 깨달았다. 남자는 자신을 '진둥'이라고 했다.[20]

'육순의 아줌마들이 진둥에게 미쳐 있다'는 내용이 연일 뉴스 앞머리를 장식했고, 혼자서 진둥을 찾아 창춘으로 간 사람도 많았다. 화제가 되자 진둥 소속사는 "진둥 선생은 지금까지 한 번도 쇼트클립 플랫폼 계정을 만든 적이 없다."고 발표했다.

"가짜 진둥을 팔로우한 구독자는 '딸 셋 엄마' '꿈꾸는 할머니' '행복한 일가족' 같은 아이디를 쓰는 현실 속

평범한 사람들이었다. 그들은 대부분 50대 이상이고 중국 각지의 농촌 출신 여성이었다."21

1인 미디어가 붐을 일으킨 이유는 '경제 효과' 때문이다. 가짜 진둥 사건은 구독자 수와 구독자가 보내 주는 별풍선이 돈벌이가 되자 여기저기서 우후죽순처럼 가짜 진둥이 등장해 중년 여성들을 갈취한 사건이다. 사람들은 오히려 진짜 진둥보다 가짜 진둥이 어떻게 중년 여성들의 마음을 홀리고 돈까지 벌 수 있었는지 궁금해했다.

2022년 4월, 오미크론 확진자가 급증해 상하이시가 유례없는 도시 대봉쇄를 하며 주민들을 집 안에 꽁꽁 가두었을 때 새로운 스타가 한 명 탄생했다. 그 역시 상하이에 살면서 봉쇄된, '그다지 유명하지 않았던' 연예인 류경훙이다. 그는 봉쇄 기간에 자기 집에서 전문가 못지않은 솜씨와 탄탄한 몸매를 과시하며 매일 에어로빅 체조를 하는 영상을 올렸고, 매일 1천만 명 이상이 그의 동영상을 시청했다.

29세 무명인 둥위후이도 '15분 만에' 왕훙이 됐다. 그는 사교육 업체 신둥팡에서 2016년 대학 졸업 직후부터 영어 강사로 일했다. 신둥팡은 2021년 7월 중국 정부가 학원 과외 금지를 골자로 하는 사교육 폐지 정책을 선언하기 직전까지, 주식시장에서 가장 잘나가는 사교육 기업이었다. 하지만 학원 과외 폐지 정책이 도입된 뒤 신둥팡의 주가는 하룻밤 새 90퍼센트 이상 폭락했다. 소속 사교육 학원 1500곳 이상이 문을 닫았고 직원 6만여 명도 정리해고를 당했다. 그로부터 1년 뒤인 2022년 6월 초, 망할 것이 거의 뻔해 보이던 신둥팡은 홍콩 주식시장에서 연일 폭등세를 기록하며 기적처럼 부활했다. 틱톡의 라이브커머스 채널 덕분이다. 예전에는 학생에게 과목별 지식을 팔았던 강사들이 동영상 플랫폼 채널에서 책도 팔고 생선도 팔고, 쌀과 옥수수 같은 농산물 등 돈이 될 만한 건 닥치는 대로 다 팔았다.

그중에서 영어 강사 둥위후이의 판매 채널이 홈런을 쳤다. 대만의 유명 가수 저우제룬을 살짝 닮은 외모 때문에 학원가에서 한때 '1초 저우제룬' 같은 별명으로 불렸던 그는 중국 라이브커머스 시장에 새 지평을 열었다는 평가를 받는다. 그는 전직 영어 강사라는 장점을 십분 활용해 생선과 고기 등을 팔 때 셰익스피어 작품 속 명문장을 인용하고, "당신의 고통은 때로 너무나 많은 선택에서 비롯된다. 당신이 나처럼 선택의 여지가 없다면 더 꿋꿋하게 나아갈 수 있을 것이다." 등 무수한 인생 계몽 어록을 쏟아내며 구독자의 마음을 사로잡았다.

이른바 '마이크로 셀러브리티'(소셜미디어와 동영상 플랫폼 등에서 인기를 끄는 스타)가 시장의 대세를 형성하자, 수많은 보통 중국인도 앞다퉈 자신의 일상을 보여 주는 1인 미디어 시장에 뛰어들고 있다. 동영상 플랫폼의 라이브커머스는 이미 이우(義烏) 등 일용 소상품 도매시장이 많은 도시에서 가장 중요한 판매 수단이다. 쇼트클립과 라이브커머스 등으로 자신의 고향 마을 농수산물을 팔거나, 일상을 보여 줌으로써 무명의 왕훙들은 문화적 친밀감을 형성하는 데 성공한다. 쓰촨에 사는 '금소'(金牛)라는 계정을 가진 20대 농부는 매일 자신이 일하는 논과 밭의 일상과 그 수확물로 반찬을 해먹는 영상을 보여 줬고, 그 결과 한 달에 우리 돈으로 200만 원이 넘는 수익을 창출했다.

1인 미디어 시장의 확대는 중국의 사회문제를 드러내는 순기능도 한다. 2022년 6월 중순, 중국 허베이성 탕산의 한 식당에서 여성 네 명이 성희롱에 저항하다가 집단 폭행을 당한 사건이 일파만파를 일으켰다. 그 사건은 마침 그 시간에 식당에 있던 손님 한 명이 스마트폰으로 찍은 실시간 영상 기록을 동영상 플랫폼에 올리면서 알려졌다. 경찰과 조폭이 연루된 지역사회의 오래된 병폐가 그날의 동영상 덕분에 널리 알려졌다.

2022년 초 중국 사회를 뜨겁게 달궜던, 쇠사슬에 온몸이 묶여 헛간에 갇혀 살던, '쉬저우 여덟 아이 엄마' 사건도 한 동영상 블로거의 영상을 통해 세상에 알려졌다. 상하이 봉쇄 기간에 수많은 상하이 시민도 스마트폰으로 매일 봉쇄 일상을 찍어서 올렸다. 그 결과 난민촌 수용소보다 못한 격리 시설과 폭력적인 방역 정책의 실상이 생생한 영상으로 온 세상에 알려졌다. 당국의 검열 전쟁에도 불구하고 이 동영상들은 인터넷 곳곳을 돌아 전 세계로 퍼져 중국 정부가 실시하는 제로 코로나 정책의 민낯을 보여 줬다.

○ ○ ○

1인 미디어와 쇼트클립 등은 이제 중국에서 디지털 전체주의에 대항하는 새로운 수단이 될 가능성도 열어 두고 있다. 물론 저항보다는 경제적 기회로 활용될 가능성이 크지만 말이다. 나도 '쪽팔릴 용기'만 있다면 딸아이 말처럼 어쩌면 '찌질한 일상'으로 돈을 벌지도 모르겠다. 그러다가 운이 좋아 중국에서 가장 유명한 외국인 왕훙이라도 되면 '한국 아줌마의 베이징 일상'에도 쨍하고 해 뜰 날이 오려나.

중매공원 이야기

아주 오래전 첫째 아이 임신 검사를 위해 집 근처 산부인과 병원에 갔을 때의 일이다. 간단한 검사 후 임신 사실을 확인해 준 담당 의사는 무표정한 얼굴로 곧바로 내게 물었다.

"야오부야오?"(要不要? 원합니까, 원하지 않습니까?)

처음에는 의사가 하는 말이 무슨 뜻인 줄 잘 몰랐다. 내가 잠시 어리둥절해하자, 외국인이라 말귀를 못 알아듣는 줄 알고 밖에 있는 남편을 불러서 다시 한 번 물어봤다.

"야오부야오?"

남편의 '통역'을 거친 뒤에야 나는 그 말의 정확한 의미를 알 수 있었다. 임신이 확인되었으니 (원하지 않으면) 지금 당장 낙태를 할지, 아니면 임신을 지속할지 결정하라는 뜻이었다. 중국 산부인과에서는 "임신을 축하드립니다"가 아니라 "야오부야오"를 가장 먼저 묻는다는 걸 그때야 알았다.

그날 병원을 나오는 길에 자세히 살펴보니, 산부인과 대기실 복도 한쪽에 많은 여성들이 세숫대야를 하나씩 들고 있었다. 배를 움켜잡고 엎드린 여성도 있고, 허공을 쳐다보며 점점 얼굴이 일그러지는 여성도 있었다. 그들은 모두 '부야오'(不要, 원하지 않음)를 선택한, 임신 초기에 가능한 약물 복용 낙태를 하기로 결정한 이들이었다. 임신 서너 달이 지난 뒤에도 '부야오'를 선택하는 여성들이 많았다. 대부분이 뱃속의 아이가 여아라는 사실을 알고 망설임 없이 바로 낙태를 결정한 경우다. 당시에는 국가 정책상 한 자녀밖에 낳을 수 없었으므로, 이왕이면 딸보다는 아들을 낳겠다는 '의지'의 결정이었다.

○ ○ ○

1979년 이후 중국 정부가 모든 가정에 한 자녀 낳기만을 허용한 이른바 '계획 생육 시대'의 비극을 다룬, <나의 아들에게>(地久天長, 2019년)라는 영화가 있다. 둘도 없는 절친한 이웃 지간이자, 같은 날 태어난 동갑내기 아들을 키우는 류씨 가족과 선씨 가족. 비극은 어느 날 류씨의 아들이 동네 강가에서 익사하면서부터 시작된다. 당시는 국가의 엄격한 계획 생육 정책이 시행되던 시기라 류씨 가정은 졸지에 하나밖에 없는 자녀를 잃고 부부만 남게 된다. 아들을 잃은 뒤, 부부는 또 다른 잃어버린 아이를 생각한다. 류씨 부부는 몇 해 전 둘째를 임신한 적이 있다. 국가 계획 생육 정책에 위배되는 일이었지만 부부는 몰래 아이를 낳기로 결정한다.

하지만 가족처럼 지내던 선씨의 아내에게 임신 사실을 들키고 만다. 마침 관할 지역 계획생육부 부주임이던 선씨 아내는 그들이 둘째 아이를 낳으면 받을 온갖 불이익을 '설교'하는 한편, 그 일을 막지 못했을 때 자신이 책임 추궁을 당할 것이 두려워 병원에 연락해 강제 낙태를 하게 한다. 그때 강제 낙태를 하지 않았더라면, 비록 아들이 죽었을지라도 류씨 부부에게는 의지하며 살아갈 또 다른 자식이 있었을 것이다. 류씨 아들이 죽고 난 뒤, 선씨 아내는 자신이 했던 일에 양심의 가책을 느끼지만 '그건 국가 정책이었고 내 일은 그것을 집행하는 것'이었다며 애써 합리화한다. 살아갈 의미를 잃은 류씨 부부는 다른 지방으로 이사를 갔다. 그들에게 '시간은 이미 멈췄고 남은 건 천천히 늙어 가는 걸 기다리는 일'밖에 없었다. 이 영화는 결국 과거 비극과 '화해하고 용서하는 것'으로 끝나지만, 현실

에서는 여전히 가족 계획 생육 시대의 비극과 상흔의 잔재
가 곳곳에 남아 있다.

○ ○ ○

중국에는 동네마다 크고 작은 공원이 많다. '공원의
나라'라고 불러도 손색이 없을 정도다. 이 공원들 가운데
주요 공원 몇 곳에서 매일 아주 기이한 '장터'가 열린다.
중매 장터다. 베이징 시내의 주요 공원인 중산공원과 천단
공원, 옥연담공원 등에서도 매일 중매 장터가 열린다. 좌
판을 펼치고 '거래'를 하는 이들은 아직 결혼 상대를 찾지
못한 자녀를 둔 노부모들이다. 늙은 부모들은 자식의 나이
와 학력, 직업, 재산 정도를 적어 놓은 종이를 코팅해서 바
닥에 널어놓거나 나무에 매달아 놓고 적임자를 기다린다.
"명문대 졸업, 올해 34세. 외국 기업에서 일함. 아파트와
자동차 소유" "박사 학위 소지. 올해 32세. 국책연구기관
에서 일함. 용모 단정."

종이 위에 적힌 각종 화려한 '소개글'만 보면 '왜 이런
능력 있는 선남선녀들이 아직도 결혼 상대를 못 찾았나'라
는 의구심이 들 정도다. 늙은 부모의 손에 들려 매일 같이

공원의 중매 장터로 나오는 자녀들의 '이력서'를 보면 대부분이 1980년대 이후 가족 계획 생육 시대에 태어난 세대다. 이들의 부모가 매일 절박한 심정으로 공원 내 중매 장터로 '출근'하는 이유도 하나밖에 없는 금쪽같은 자식이 나이 서른을 훨씬 넘기고도 아직 결혼할 짝을 구하지 못했기 때문이다.

자식이 제때 결혼해서 손주를 낳고, 또 그 손주를 돌보면서 남은 노년을 보내는 게 완벽한 인생이라고 생각하는 부모 세대는 자신들보다 훨씬 좋은 문화·경제적인 조건을 갖춘 자식이 왜 결혼을 못하고 '빌빌대고' 있는지 도무지 이해할 수가 없다. 특히 가족 계획 생육 시대에 태어난 딸을 가진 부모들은 그 심정이 더욱 참담하다. 남들처럼 딸이라고 해서 낙태를 하지도 않고 '과감하게' 낳았으며, 여느 아들 부럽지 않게 대학과 대학원 등을 마친 고학력에 중국 최고의 직장에 다니고 있지만 결국 공원 중매 장터에서는 '성뉘'(剩女)★로 취급받기 때문이다.

1980년대 가족 계획 생육 정책이 실시된 이후 중국에

★ 결혼할 나이가 되었거나 지났는데도 결혼하지 않은 여성을 낮잡아 이르는 말로, 지금은 여성 차별적 용어로 지정되어 공식 매체에서는 언급이 자제되고 있다.

서는 '이왕이면 아들'이라는 인식이 강해서 여아보다 남아의 출생률이 더 높았다. 이로 인해 남초 현상이 나타나 여자는 상대적으로 남자보다 덜 경쟁적으로 '짝'을 구할 수 있지만, 남자는 결혼도 입시나 입사시험처럼 경쟁을 통해 좁은 문을 통과해야 하는 신세가 되었다. 하지만 어찌된 일인지 2000년대 이후 중국 사회에서는 미혼의 '성뉘'를 향한 조롱과 비난이 난무한 적이 있었다. '성뉘 현상'의 배후에는 여성의 교육 수준과 사회적 지위가 상승하면서 갈수록 비혼을 선택하거나, 결혼을 하더라도 아이는 낳지 않겠다는 딩크족이 늘어나 출산율이 떨어졌고, 그 결과 중국 사회 인구정책에 심각한 부작용이 초래되고 있기 때문이다. 가족 계획 생육 정책으로 인해 엄마 배 속에서부터 생사의 갈림길에 처해야 했던 수많은 여아는, 커서는 결혼도 안하고 아이도 낳지 않는 못된 '성뉘'라는 오명도 안았다.

최근 중국에서는 출생률 저하 현상이 갈수록 심각해져 인구 감소와 사회 노령화 문제가 대두하자 특단의 대책을 내놔야 한다는 주장들이 등장했다. 우리나라와 같은 각종 출산 장려금을 지급하는 방법, 계획 생육 정책의 전면 폐지, 심지어 아이를 낳지 않는 딩크족에게 '딩크세'나 '사회부양세'를 부과해야 한다는 주장도 있다. 또 어떤 학자는 '남녀 불문하고 40세 이하의 모든 공민은 월급에서 일정 비율을 생육 기금으로 납부하게 해야 한다'는 정책을 건의하기도 했다.

가족 계획 생육 시대에는 영화 <나의 아들에게>서처럼 둘째 아이를 임신하거나 낳으면 강제로 낙태를 당하거나 엄청난 벌금을 물어야 했고, 공무원인 경우 해직되는 일도 감수해야 했는데, 지금은 오히려 아이를 낳지 않는 사람들에게 벌금이나 세금을 부과해야 한다고 주장하는 웃픈 현실이 펼쳐지고 있다. 한 자녀 정책은 사실상 이미 폐기되어 지금은 적극적으로 '세 자녀 낳기'를 장려하고 있다.

일본의 유명 경제·경영 컨설턴트인 오마에 겐이치는 2018년 펴낸 책 『저욕망 사회』에서 현재 일본 사회와 일본 젊은이들의 상태를 이렇게 설명했다.

일본은 이미 인류역사상 유례없는 저욕망 사회로 진입했다. 저욕망화가 가장 명확하게 나타나는 집단은 젊은이로 그들은 원래 가장 소비 욕망이 높은 핵심 인구 집단이어야 하지만 … 대부분은 자동차와 주택을 살 필요와 욕구도 느끼지 않고, 결혼도 원하지 않는다.[22]

그는 '저욕망화된' 일본 젊은이들을 '가능한 한 최대로 그 어떤 책임과 부담도 지지 않으려는' 세대라고 정의했다.

중국에도 최근 이와 비슷한 '저욕망 세대'를 지칭하는 사회적 유행어 '당평족'(躺平族)이 급속도로 회자되고 있다. 당평족은 일본의 저욕망 사회 청년들과 비슷한 부류로, 아무리 노력해도 나아지지 않는 상황을 타개하기 위해 더 분발하고 노력하기보다는 모든 욕망과 욕구, 의욕을 상실하고 '바닥에 가만히 드러누워서' 아무것도 욕망하지 않고 사는, 주로 1990년 이후 출생한 세대를 상징하는 신종 유행어다.

출산율 저하 문제를 논할 때 반드시 등장하는 존 B. 캘훈의 '유토피아 쥐 실험'을 보자. 처음에는 160마리 정도가 안락하게 살 수 있는 사각형의 실험 공간에 암수 한 쌍을 풀어놓고 충분한 물과 음식을 공급하며 유토피아 같은 환경에서 살아가도록 한다. 하지만 쥐들의 교배로 점차 개체가 늘어나 55일마다 두 배가 되었다. 애초 유토피아 세상이던 공간은 급격하게 불어난 쥐들로 말미암아 지옥으로 변했고 쥐들은 서로 먹이와 물, 암놈을 차지하기 위해 물어뜯고 싸우는가 하면 힘의 서열에 따라 먹이와 암컷을 차지했다. 그러다 315일째에는 출산율이 감소하기 시작했고, 600일째 이후에는 한 마리도 태어나지 않았다.

정글 같은 생존 조건에 지친 쥐들이 번식을 포기하면서 더 이상 새로운 쥐는 태어나지 않았고, 쥐들은 모든 욕망과 욕구를 상실한 채 혼자 조용히 자기 털만 다듬으며 살아갔다. 이 쥐들을 '가장 아름다운 자들'이라고 불렀다. 우리나라의 N포 세대와 일본의 저욕망 세대, 중국의 당평족이 바로 그런, 생존에 지쳐 모든 욕망을 포기하고 살아가는 '가장 아름다운 자들'인 셈이다.

1934년 스웨덴에서 『인구 위기』[23]라는 책이 나왔다. 1974년 노벨 경제학상을 받은 군나르 뮈르달과, 1982년 노벨 평화상을 수상한 알바 뮈르달이 함께 썼다. 이 책에서 내내 강조하는 것은, 출산율을 높이고 인구를 늘리려면 '왜 여성이 아이를 낳지 않는가'에 대한 사회적 원인을 분석한 뒤 '여성이 자발적으로 아이를 낳게 하기 위해' 국가와 사회가 무엇을 먼저 해야 하는지다. 그들은 아이를 낳으면 돈을 준다는 등의 일시적인 유혹책보다 '여성이 안심하고 아이를 낳고 기를 수 있는 사회적 환경'을 만드는 것이 가장 중요하다고 말했다. 이는 곧 여성의 권리와 인권, 사회경제적 기회의 균등 보장을 먼저 정책·제도적으로 마련해야 한다는 것을 의미했다. 실제로 뮈르달의 주도로 전개한 스웨덴의 여권 신장과 출산율 증가 정책은 큰 성공을 거뒀고, 다른 유럽 국가에도 많은 영향을 미쳤다.

뮈르달 부부가 살아 있다면 결혼은 물론 삶의 모든 욕구와 욕망을 상실한 당평족 세대와, 자식의 짝을 찾기 위해 하루 종일 공원의 중매 장터를 배회하는 중국의 가련한 노부모들을 보고 해결책을 내놓을 수 있을까? 답은 올더스 헉슬리의 『멋진 신세계』에 나와 있다. 나는 인류의 위대한 지도자들이 이런 '철없는' 당평족으로 인해 인류 멸족의 날이 도래하는 걸 눈뜨고 보고 있지만은 않을 것이라고 확신한다. 『멋진 신세계』가 예언하듯 '중앙 인공 부화 및 조건반사 양육소'를 만들어 각 병에서 대량으로 필요한 아이들을 '생산'하게 될 날이 올 것이라고 '믿는다.' 그날이 오면, 중매 장터를 헤매며 야만적인 '태아 생육 시대'를 살아가던 중국의 늙은 부모들도 이렇게 외치며 달려갈 것이다.

"오, 그런 사람들이 사는 멋진 신세계여, 우리 당장 출발합시다."

산부인과 의사들도 더 이상 '야오부야오'를 질문할 필요 없이 병에서 태어날, 각 계급별 아이들을 잘 '수정'시키기만 하면 될 것이다. 멋진 신세계가 곧 도래할 것이다.

나의 로망,
해방된 중국 여성들은 어디에

하이힐을 신고 치마를 펄럭거리며 자전거를 타고 출근하는 중국 여성들은 한때 나의 로망이자 롤 모델이었다. 아침이면 출근길 자전거 뒤에 아이를 태워 학교나 유치원에 데려다 주고 퇴근길에는 시장을 봐서 자전거 앞 바구니에 싣고 다시 아이들을 데리고 집에 와서 밥을 짓는, 영화 속 중국 남자들도 한때 내가 연애하고 결혼하고 싶었던 이상형이었다. '한국형 결혼 세계'에서 흔히 볼 수 있는 고부 갈등이나 명절 스트레스 따위는 '먼 나라, 이웃 나라'의 웃기는 얘기들이고, 중국 여성들의 결혼 세계는 평등과 평화가 강물처럼 흐르는 줄 알았다. 중국에서는 진짜로 '딸 같은 며느리'와 '엄마 같은 시어머니'도 가능한 이야기라고 생각했다.

왜냐하면 마오쩌둥이 이끄는 중국 공산당이 봉건적이고 전근대적인 중국을 해방시키면서 전족을 신고 다니던 중국 여성들의 삶도 해방시켰다고 했기 때문이다. 꽁꽁 묶인 전족을 하고 평생을 뒤뚱뒤뚱 걸으며 남편과 시댁의 소유물로 살던 중국 여성들은 공산당이 이끄는 신중국에서는 하이힐을 신고 치마를 펄럭이며 자전거를 타고 온 거리를 마음대로 활보하고 다니는 해방된 여성들이 되었다. 따라서 내 상상 속의 중국은 마오쩌둥과 자전거, (해방된) 여성들의 나라였다. 그리고 나는 '억세게 운 좋게도' 한때 내가 꿈꾸던 이상형이었던 중국 남자와 결혼했고 "이제 너는 나의 딸이니 나를 엄마라고 부르라"고 말하는, 한때 나의 롤 모델이었던 중국 여성을 시어머니로 두게 되었다. 그 후 나는 남편 형들의 아내인 두 명의 중국 동서들이 생겼고, 샤오왕과 슈친이라는 중국 여자들과도 허물없는 친구 사이가 되었다.

1943년생인 시어머니의 가족사와 살아온 인생 이야기는 그 자체가 중국 근현대사의 축소판이다. 생부가 병으로 일찍 사망한 뒤, 개가를 한 엄마를 따라 계부 밑에서 자란 시어머니는 중학교 졸업 후 후베이의 한 초등학교 도서관 사서가 되었다. 동료 교사의 중매로 만난 시아버지 역시 그 지역 중고등학교 교사였고 둘은 스무 살이 조금 넘은 나이에 결혼을 해서 아들만 셋을 낳았다. 그들은 1978년 개혁·개방 전까지, 대약진운동과 문화대혁명 그리고 이런 저런 크고 작은 우파 숙청 운동 등 중국 현대사의 가장 불행했던 '혁명의 시기'를 온몸으로 겪으며 살아남았다. 문화대혁명이 한창일 때는 자살을 생각했을 정도로 고통스러웠지만 아이들이 눈에 밟혀서 죽기 살기로 버텨 냈다고 했다. 시어머니에게 가정은 마오쩌둥의 '작은 붉은 책자'(마오쩌둥 어록집)보다 더 소중하게 지켜야 하는 목숨줄이었다. 그중에서도 막내인 남편은 공부도 잘하고 말도 잘들어서 '한 번도 속 썩인 적 없는', 시어머니의 자부심이자 긍지였다.

그러던 어느 날 사랑하는 막내아들이 느닷없이 외국 여자를 데리고 나타나서 결혼을 선언하자 시어머니 인생에 먹구름이 끼기 시작했다. 그동안 동네 은행장과 경찰서장 등 지역 내 온갖 권력자들 집안에서 중매쟁이를 내세워 사돈 맺기를 요청했지만 자유연애를 주장하며 거절하던 막내아들이 돈도 없고 빽도 없는 데다, 심지어는 외모도 별로인 한국 여자와 결혼하겠다고 하자 그만 아연실색했다. "외국 여자를 뭘 믿고 결혼하느냐"며 펄쩍 뛰던 시어머니가 결정적으로 마음이 누그러진 것은 당시 중국에서 한창 인기리에 방영되던 <사랑이 뭐길래>를 보고 난 뒤였다. 드라마에 나오는 하희라를 한국 여자들의 표본이라 여기고, 그 정도로 현모양처이면 '우리 아들이 행복하게 살겠구나' 생각했다고 한다. 이것은 시어머니와 내가 몇 차례 큰 전쟁을 겪고 마지막으로 결정적인 대전을 치른 뒤 "더 이상 서로의 인생에 간섭하지 말자"는 협약을 맺을 때 시어머니에게 들은 이야기다.

시어머니는 나와 사이가 틀어져서 고향으로 내려가면서 그동안 마음에 담아 둔, 나에 대한 '진심'을 폭로했다.

"나는 네가 <사랑이 뭐길래>에 나오는 주인공 여자처럼 남편 내조 잘하고 시부모 공경하며 아이들도 잘 키워 내는 현모양처인 줄 알았다. 한국 여자들은 대부분 다 그런 줄 알고 처음에는 속으로 너를 반겼다. 하지만 살아 보니 넌 그런 여자가 아니더구나. 미리 알았더라면 내가 너를 어찌 며느리로 삼았겠니. 나는 내 아들과 손주들의 행복이 중요하기 때문에 참는 거다. 제발 내 아들을 불행하게 만들지는 말아라."

마오쩌둥 시절 혹독한 계급 혁명을 경험하며 봉건적이고 가부장적인 여성관에서 철저하게 해방된 줄 알았던 시어머니 입에서 '현모양처'라는 말을 듣는 순간 나는 이미 죽은 마오쩌둥에게 강력하게 항의하고 싶었다.

"우리 시어머니는 왜 여전히 사상 개조가 안 된 겁니까? 혁명을 하긴 했나요?"

○ ○ ○

샤오왕은 내가 첫째 아이를 낳은 뒤 인력 소개소를 통해 찾은 가사 도우미다. 나와 나이 차가 두 살밖에 안 나서 우리는 친구처럼 지냈다. 안후이성 출신인 샤오왕은 당시 종일 가사 도우미 한 달 월급인 600위안(당시 환율로 약 8만 원)이 미안할 정도로 요리와 가사 일을 프로급으로 해냈다. 일찍 결혼한 탓에 고향에서 시부모가 키우고 있는 아이는 열 살 가까이 되었고, 남편도 베이징에서 목공으로 일하는 농민공이었다. 샤오왕의 꿈은 돈을 많이 벌어서 아들을 베이징으로 데려와 같이 사는 것이었다.

샤오왕은 가끔씩 하루 이틀 휴가를 내곤 했다. 다시 출근한 날에는 얼굴이나 팔등에 푸르뎅뎅한 멍 자국이 있었다. 남편은 평소에는 착한데, 술만 마시면 폭력적으로 변해서 자기를 때린다고 했다. 농촌 남자들은 대부분 그렇다며 '대수로운 일이 아니'라고 말했다. 또 한 번 때리면 경찰에 신고하라고 했더니, 샤오왕은 깔깔 웃으며 "넌 중국

을 몰라도 너무 모른다."며 중국 경찰은 이런 사소한 가정
일에 개입하지 않는다고 했다. 그러면서 자기 고향 마을에
서는 여자들이 남편에게 두들겨 맞는 일이 '집밥 먹는 일
처럼' 흔하다고 말했다. 중국에는 서양처럼 남편이 아내를
때리면 경찰이 와서 즉각 잡아가는 '법'이 없기 때문에 중
국 남자들 특히 농촌 남자들은 아내를 마음대로 때린다는
것이다(중국 <가정폭력방지법>은 2016년에 생겼다).

그러던 어느 날 샤오왕이 내게 일주일 휴가를 요청했
다. '아이를 떼러' 가야 한다고 했다. 자기가 살고 있는 베
이징 외각의 농민공 마을에는 일반 정규 병원의 절반 가격
도 안 되는 저렴한 비용으로 낙태 수술을 할 수 있는 무허
가 시술소가 있어서 그곳에서 '아이를 떼고' 며칠 쉬다 오
겠다고 했다. 무섭지 않냐고 했더니 벌써 세 번이나 그곳
에서 낙태 수술을 해봐서 괜찮다며, 고향에서 가족계획생
육위원회 사람들에게 붙들려서 강제로 낙태 수술을 당하
는 것보다는 낫다고 했다. 예전에 자기 고향 마을에서 아
이 둘을 낳고 또 불법으로 임신을 했다가 들켜서 임신 7개
월째에 가족계획생육위원회 사람들 손에 끌려가 강제 낙
태 수술을 받다 죽은 여자도 있다고 했다.

중국 선전에 사는 남편의 작은 형수도 뜻하지 않게 둘

째 아이를 임신하게 되자 원하지 않은 낙태 수술을 받아야 했다. 둘 다 공무원인 그들 부부는 국가의 '한 자녀 정책'을 어겼다가는 인사고과에 반영되는 것은 물론이고 심할 경우 직장에서 해고될 수도 있었기 때문이다.

샤오왕은 그 후로도 두 번을 더 그 불법 시술소에서 낙태 수술을 받았다. 마지막 다섯 번째 수술을 받은 후에는 출혈이 너무 심해서 하마터면 '죽을 뻔'했다. 어느 날 우리 집 마룻바닥을 고쳐 주기 위해 찾아온 샤오왕 남편에게 나는, 피임을 하든지 아니면 정관 수술을 하라고 했더니 그는 피식 웃으며 "그러면 남자가 힘이 없어진다."고 했다. 샤오왕도 옆에서 무표정한 얼굴로 남편을 따라 피식 웃었다. 다섯 번째 낙태 수술의 후유증 탓인지 몸이 많이 약해진 샤오왕은 결국 고향에 내려가서 몇 달 쉬어야겠다고 말하고는 휑하니 베이징을 떠나 버렸다.

시어머니에게 들은 얘기에 따르면, 마오쩌둥 시절에는 아이를 세 명 이상 낳으면 '영웅 엄마'라는 호칭을 들었다고 한다. 마오쩌둥은 '인구가 국력'이라며 임신과 출산을 장려했다. 하지만 개혁·개방 후인 1980년대 이후 정부는 말을 바꿔서 엄격한 산아제한 정책을 추진했다. 인구가 너무 많아져서 여러모로 힘들기 때문에 한 명만 낳으라고 명령했다. 가족계획생육위원회에서는 국가가 허락하지 않은 '잉여 인간'은 모조리 강제 낙태를 시켰다. 샤오왕의 다섯 번에 걸친 낙태는 사실상 국가가 여성의 몸을 강제 점령하고 통제한 결과였다. 중국 여성들은 하루아침에 영웅 엄마에서 불법 임산부가 되었다.

○ ○ ○

슈친은 이름 없는 지방의 전문대에서 회계를 전공했고, 같은 고향 마을에서 알고 지낸 남자와 결혼해 그를 따라 베이징으로 왔다. 슈친의 남편은 공부를 잘해서 좋은 대학과 대학원을 나와 나중에는 박사 학위를 따고 교수까지 된 전도유망한 지식인이었다. 슈친은 베이징의 한 작은 중소기업에서 회계사로 일했고 월급도 보잘 것 없었다. 박사 공부까지 하는 남편에게 늘 지적 열등감을 가지고 있었으며 자주 뭔가에 주눅 들어 보였다. 아이를 원했지만 결혼 후 10년이 지나도록 아이가 생기지 않아서 시댁의 눈치가 심상치 않다는 하소연도 했다. 남편이 박사 학위를 받고 교수가 되자 자주 동료의 아내들과도 함께 어울리게 되었지만 그럴수록 슈친의 열등감은 깊어져만 갔다.

그러던 어느 날 슈친은 다니던 회사에서 해고를 당했다. 회사 경영 사정이 악화되어 정리해고를 당했는데 회계 팀에서는 기혼 여성이고 지방 전문대 출신인 그녀가 1순위로 해고되었다고 한다. 한동안 슈친은 재취업을 하지 못하고 남편의 수입에 기대 살아야 했다. 학수고대하는 아이도 생기지 않고 직장에서 해고까지 되자 부부 싸움도 잦아졌다. 급기야 슈친 남편은 부부 싸움을 하다가 그만 욱해서 "무식하고 못 배운 게 자랑이 아니다. 지금 시대에 학벌은 곧 경쟁력인데 넌 앞으로도 계속 도태될 것"이라고 싸늘하게 경고했다. 그 말에 깊은 상처를 입은 슈친은 이혼을 결심했다. 그리고 정말로 그들 부부는 몇 달 뒤 모두 앞에서 이혼을 선언하고 헤어져 버렸다. 슈친은 남편에게 위자료 명목으로 5만 위안(당시 환율로 약 800만 원)을 받고 고향으로 내려가 한동안 부모님 집에서 칩거하며 살았다.

그들 부부는 헤어진 지 2년 뒤 재결합했다. 남편이 방문 학자로 미국 워싱턴을 가게 되면서 우여곡절 끝에 재결합을 결정했다. 미국에 가자마자 포기하고 있던 임신도 기적처럼 이뤄져 그곳에서 아이도 낳았다. 중간에 한 번 베이징으로 혼자 나온 슈친의 남편은 우리에게 내내 아내 자랑을 했다. 미국에서 화교 아이들에게 중국어 과외를 해서 상당한 돈을 벌고 있고 대학 부설 어학원에 다니면서 영어를 배우는데 그 학습 속도가 놀라울 정도라는 것이다. 이제는 자기보다 영어를 더 잘한다며 중국에 돌아와서는 영어 과외로 돈을 많이 벌 것 같다며 싱글벙글했다. 하지만 슈친은 미국에서 돌아오지 않았다.

남편의 연구 기간이 끝나서 중국으로 다시 돌아와야 했지만, 슈친은 아이와 미국에 남았다. 보스턴 대학에 입학해서 심리학을 공부하고 대학원까지 들어갔다. 그녀는 미국에서 새로운 삶을 시작했다. 슈친은 예전에 남편과 이혼한 뒤 위자료 5만 위안을 받고 고향으로 돌아가던 기차 안에서 내내 울었다고 했다. 지방 전문대 출신 학벌에 이혼 경력까지 추가하게 된 자신의 앞날은 더 이상 희망이 없다고 생각하자 차라리 죽고 싶었다는 것이다. 그러다 남편과 재결합을 하고 미국에 가면서 슈친은 새로운 인생의 가능성을 발견했다. 아이와 함께 미국에 남은 슈친은 중국으로 다시 돌아간 남편에게 '자유롭게 살라'고 했다. 다시 중국에 돌아갈 일은 당분간 없을 것이라며.

56세 아줌마,
'가출 여행'을 떠나다

2015년 4월 13일, 중국 허난성 정저우시의 한 명문 중학교에 근무하던 여성 교사가 사직서를 냈다. '사직 이유'란에 쓰인 글자 수는 단 열 자.

"世界那麼大, 我想去看看"(세상은 아주 넓고, 나는 [그 넓은 세상을] 나가서 보고 싶습니다).

꼬박 10년을 근무한 안정된 직장을 박차고 나와 넓은 세상으로 떠났던 그는 당시 35세의 구사오창이다. 그의 사직서는 친구들을 통해 인터넷에 회자됐고, 그는 곧바로 '스타덤'에 올랐다. 누구나 하고 싶지만 아무도 감히 하지 못하는 희망 사항을 단 열 글자로 압축해서 표현한, 한 편의 시구절 같은 그의 사직서는 아직도 중국에서 전설로 이야기된다.

2020년 9월 24일, 또 다른 여성이 길을 떠났다. 당시 나이 56세. 중년이지만 중국 농촌이나 소도시에서는 이미

노년의 반열에 오를 나이. 또래의 중국 여성들은 대부분 손주를 키우거나 동네 공원과 광장에서 아침저녁으로 광장춤을 추며 특색 없는 보통 중노년의 삶을 살 것이다. 그 역시 길을 떠나기 전까지만 해도 딸이 낳은 쌍둥이 손주들을 돌보며 또래들과 비슷한 인생을 살았다. 하지만 손주들이 유치원에 갈 나이가 되자 그는 더 이상 지체하지 않고 집 문을 박차고 나왔다.

수중에 모아 둔 얼마간의 돈과 대출, 딸이 보태 준 돈을 다 긁어모아서 마련한 작은 폴로 자동차에 최소한의 짐을 싣고 '부~웅' 정처 없는 여행길에 올랐다. 남편은 집 문을 나서는 그를 향해 비웃음인지 저주인지 모를 예언을 퍼부었다.

"며칠도 안 돼서 금세 돌아올걸!"

하지만 그는 2년 동안 단 한 번도 집에 돌아가지 않았다. 그렇게 남편이 지배하는 '인형의 집'을 떠나 더 넓은 세상이라는 '자신만의 집'을 떠돌았던 그는 지금 어떻게 됐을까? 그의 이름은 쑤민이다.

쑤민은 혼자 길 위를 여행하는 동안 스마트폰으로 자신의 여행 이야기를 찍어 틱톡과 콰이서우 등 동영상 플랫폼에 올렸다. 재미 삼아 올린 게 아니다. 그것이 돈이 된다는 사실을 그는 일찌감치 알았고, 자신도 운이 좋으면 동영상의 인기를 등에 업고 경제적 자유까지 얻으리라 생각했다.

집을 나올 때 쑤민에게는 우리 돈으로 200만 원이 채 안 되는 여비밖에 없었다. 그가 찍은 길 위의 영상은 딸과 사위의 도움을 받아 수많은 인터넷 동영상 플랫폼에 올려졌고 결과는 대성공이었다. 동영상 구독자 수는 폭증했고 '쑤민'이라는 이름이 중국 인터넷 검색창의 인기 검색어로 떠올랐다. 56세 여성의 나 홀로 가출 여행과 그 뒤에 드리운 '은밀한' 사연은 코로나19와 희망 없는 세상에 지쳐 있던 보통 사람들의 호기심과 열망을 자극했다.

20~30대임에도 쉽게 집이나 회사 문밖을 나가지 못하는 사람들은, 무려 56세에 그것도 빈털터리 아줌마가 달랑 낡은 자동차 한 대와 무모한 용기만을 가지고 집을 나가 혼자 세상을 여행한다는 '현실'에 환호했다. 그를 인터뷰하고 취재한 중국 매체들은 이구동성으로 이렇게 말했다.

"쑤민의 나 홀로 가출 여행은 이제 모든 중국인의 '사건'이 됐다."

쑤민은 구사오창보다 더 유명한 국제적인 스타다. 2021년 미국 『뉴욕타임스』가 '중국 페미니즘의 우상'이라고 소개하는 인터뷰 기사를 내보내면서 명성이 더 자자해졌다. 중국의 주요 언론과 인터넷 매체는 앞다퉈 이 기이한 중년 여성의 '가출 여행기'를 다뤘고, 다큐멘터리 제작사는 그에 관한 다큐 영화를 준비하고 있다. 자유를 찾아 길을 떠난 쑤민은 이제 자유와 광명뿐만 아니라 명성과 돈도 한꺼번에 움켜잡았다. 사람들은 집 나간 쑤민을 중국의 '성공한 노라'라고 했다.

중국 작가 루쉰은 1923년 베이징여자사범학교에서 "노라는 집을 나간 뒤 어떻게 됐을까"라는 주제로 강연을 했는데, 이때 헨리크 입센의 유명한 희곡 『인형의 집』을 언급하며 이런 말을 했다.

"노라에게는 두 가지 길밖에 없다. 하나는 타락하는 길이요, 다른 하나는 집으로 돌아오는 길이다."

루쉰은 세상의 모든 노라가 남편과 가부장제가 지배하는 인형의 집을 떠나려면 '각성한 마음' 이외에 핸드백 속에 돈, 즉 경제적 자유를 가져야 한다고 했다. 하지만 쑤민은 핸드백 속에 넣을 두툼한 돈도 없었고 오로지 운전 기술과 작은 자동차 그리고 '각성한 마음'만을 가진 채 자유를 향한 여행을 떠났다. 그는 타락하거나 집으로 다시 돌아오는 대신 경제적 자유와 인생의 빛을 찾았다. 쑤민은 한 강연에서 이렇게 말했다.

"나의 전반생은 터널에 갇힌 것 같았어요. 빛을 볼 수 없었지요. 나중에 나는 빛을 찾아 떠났습니다. 그러자 빛이 내 앞에 나타났고 그것은 얼마나 아름답고 자유롭던지요!"

길을 떠나기 전 그의 전반생은 폭력적인 아버지가 군림하는 공포스러운 집, 그리고 애정 없는 결혼 생활과 역시나 폭력적인 남편이 지배하는 중국판 인형의 집에 갇혀 있었다. 그 '집'은 빛이라곤 한 줄기도 볼 수 없는 '긴 어둠 속 터널' 같은 세계였다.

2022년 노벨 문학상을 받은 프랑스 작가 아니 에르노가 쓴, 자신의 엄마 이야기 『한 여자』에는 이런 말이 나온다.

"여자에게 결혼이란 삶 또는 죽음이었으니, 둘이 되어 좀 더 쉽게 궁지에서 벗어나리라는 희망일 수도 있고 결정적인 곤두박질로 끝날 수도 있다."[24]

스무 살에 남편을 만난 쑤민도 당시 자신이 처한 온갖 궁지에서 벗어나리라는 희망을 안고 결혼했지만 결과는 '결정적인 곤두박질'이었다. 자신보다 안정적인 직장에 다니며 돈도 더 많이 벌었던 남편은 생활비를 주기는커녕 1원까지 철저히 계산해서 모든 생활비를 절반씩 분담하게 했다. 밖에서는 신사적인 품행으로 직장과 친척들 사이에서 좋은 사람으로 통했던 남편은 집에선 쩨쩨하고 인색한 폭군이었다. 쑤민에게 따뜻한 눈빛 한번 건넨 적 없는 냉혈한이었다. 화나면 주먹도 휘둘렀다. 서른 살 이후 남편과 각방을 썼다. 같은 집에서 살 뿐 사실상 남처럼 살았다. 그래도 아이들의 장래와 다른 사람의 시선, 가족의 만류로 이혼만은 하지 않았다. 쑤민과 대부분 비슷한 처지인 주변 여성들의 반응, "우리도 다 그렇게 산다"와 "그래도 바람은 안 피우지 않냐"는 엄마의 설득도 큰 영향을 미쳤다. 아니 에르노의 엄마가 '자기 앞에 있는 딸 속에 계급의 적이 있었다'고 느꼈듯이, 쑤민도 자신과 주변 사람들 그리고 사회적 인식의 한계라는 겹겹의 '적들'에 가로막혀 옴짝달싹 하지 못했다.

그렇게 살다가 쑤민은 우울증에 걸리고 말았다. 우울증의 강도가 심해지면서 약성도 더 독해졌지만 나아질 기미는 보이지 않았다. 급기야 그는 부엌칼로 자기 몸을 자해했다. 여러 번 자살을 생각했다. 어느 날 문득 각성이 왔다. 이러다 정말 죽겠구나! 그는 즉시 짐을 꾸려 자신의 유일한 재산이자 애마인 폴로를 몰고 집을 나왔다.

쑤민은 『뉴욕타임스』가 보도한 것처럼 애초 무슨 '페

미니즘의 우상'이 되고 싶어서 치밀한 계획을 세워 떠난 게 아니었다. 페미니즘이 뭔지도 잘 몰랐다. 조남주 작가의 소설 『82년생 김지영』은 중국에서도 큰 반향을 불러일으켰다. 쑤민에 관한 다큐 영화를 만드는 제작진이 쑤민에게 영화 <82년생 김지영>을 볼 것을 권유했고, 영화를 다 본 쑤민은 화가 잔뜩 난 표정으로 이렇게 말했다고 한다.

"너무 투정 부리는 거 아냐? 남편이 월급도 꼬박꼬박 갖다 주고 생활비도 다 벌어다 주면서 지극 정성으로 잘해 주는데 무슨 우울증에 걸린다는 거야! 복에 겨워 투정을 부리는 거지…."

우울증은 자신과 같은 결혼 생활과 인생을 살아 보지 않은 여자들은 걸릴 자격도 없다는 듯이 말이다. 그랬던 쑤민이 살기 위해 집을 나온 지 2년 만에 '중국 페미니즘의 우상'이 됐다. 여행길에서 우울증 약도 끊었다. 그리고 얼마 전, 쑤민은 언론 매체에 공개적으로 이혼 선언을 했다.

"남편과 이혼할 것이다. 그가 이혼해 주지 않으면 이혼소송을 제기하겠다."

그는 한창 여행 중일 때도 이혼은 하지 않을 것이라고 했다. '이혼'이라는 단어에 드리운 여러 가지 사회적 인식과 제약에 대한 두려움, 그리고 자신이 세상 밖에 나와서 변했듯이 혹시 남편도 변하지 않을까 하는 희망을 품었기 때문이다. 하지만 세상도 변하고 자신도 변했지만 유일하게 변하지 않은 건 남편뿐이었다.

2년 만에 잠시 집으로 돌아온 쑤민에게 남편은 "나가 보니 못 살겠지? 넌 한평생 고생만 하면서 살 팔자야!"라는 폭언과 함께 폭력을 휘둘렀다. 그 뒤 쑤민은 다시 짐을 들고 집을 나와 이혼을 선언했다. 그의 차는 더 이상 낡고 작은 폴로가 아니라 고급 기종의 커다란 캠핑카로 변해 있었다. 쑤민은 완전한 자유가 있는 자신만의 '집'을 비로소 찾았다.

2020년 쑤민이 여행할 때, 당시 80세의 '파파 할머니'인 양번편은 또 다른 방식으로 자신만의 긴 여행을 시작했다. 그는 연로한 탓에 쑤민처럼 차를 몰고 나 홀로 여행을 떠날 수는 없었지만, 대신 약 1.2평의 작은 부엌 식탁에 앉아 원고지를 펴고 한땀 한땀 수놓듯 자신의 인생 이야기를 풀어놓는 '글 여행'을 떠났다.

그는 2023년까지 총 4권의 책을 펴냈다. 자신의 엄마 이야기에서 시작해, 가족과 자신의 인생 이야기를 담은 자전적 소설이다. 60세 무렵 당시 자신이 육아와 살림을 돕고 있던 딸의 집 부엌에서 처음 글을 썼고, 2020년 80세에 번듯한 첫 작품으로 출판됐다.

양번편은 채소를 씻다가도, 가스 불로 요리를 하다가도 순간순간 '쓰고 싶은 욕망'이 차오르면 바로 식탁 위에 원고지를 펴놓고 기억이 가물거리기 전에 글을 썼다. 그는 '그렇게 시작하면 다시 한 번 긴긴 인생 여행을 떠나는 기분'이라고 했다. 그가 '펜 여행'을 하게 된 중요한 계기도 행복하지 않았던 자신의 결혼 생활과 그로 인한 온갖 쓸쓸함과 고통을 토로하고 싶었기 때문이다. 양번편도 쑤민처럼 자신만의 여행을 통해 자신의 인생뿐만 아니라 새로운 중국 여성사를 썼다.

아니 에르노가 『한 여자』의 마지막에 쓴 말을 빌리면 "지배당하는 계층에서 태어났고 그 계층에서 탈출하기를 원했던 그들은 역사가 되어야 한다."[25]

엄마,
내 조국은 어디야?

식탁에서 뭔가 골똘히 생각하는 표정으로 밥과 반찬을 우물거리던 딸아이가 갑자기 폭탄 같은 질문을 던졌다.

"엄마! 조국이 뭐야? 조국을 생각하면 무슨 감정이 생겨? 내 조국은 어디야?"

2021년 10월 9일, 시진핑 주석이 인민대회당에서 신해혁명 110주년 기념 연설을 하는 장면을 텔레비전으로 보는 중이었다. 시 주석은 입이 마르고 닳도록 중화 민족의 위대한 부흥과 애국주의 정신을 강조하면서 마지막으로, 대만 독립을 주장하는 세력을 가리켜 "무릇 조상을 잊고, 조국을 배반하고, 국가를 분열시키는 자들은 지금까지 그 결말이 좋았던 적이 없고…"라며, 아주 무섭고 차가운 눈빛으로 비판하고 있었다. 딸아이는 뭐가 웃긴지 혼자 낄낄거리며 "나는 조국이 뭔지 잘 몰라서 배반할 조국도 없다."면서 우물우물 밥알을 씹었다.

열여덟 살, 고등학교 3학년인 딸아이는 엄마의 조국인 한국 서울의 한 병원에서 태어난 뒤, 100일이 채 안 되어 아빠의 조국인 중국 베이징으로 '이주해서' 지금까지 줄곧 18년의 삶을 중국에서 살았다. 중국은 이중국적을 허용하지 않고 자국민과 결혼한 외국인에게도 국적을 부여하지 않기 때문에 나와 딸아이의 조국은 한국이고, 중국에서 태어난 아들과 남편의 조국은 중국이다. 우리나라에서 쓰는 말로는 '다문화 가정'이다. 집에서도 나와 아이들은 한국말로 소통하고, 아빠와는 중국어로 소통한다.

하지만 아이들은 중학생이 되고 청소년기에 접어들면서 자신의 정체성을 고민하기 시작했다. 특히 딸아이는 유독 '조국'에 대한 강한 집착과 그리움을 표현하곤 한다. 매년 방학 때마다 며칠씩 잠깐 여행처럼 다녀온 것 외에는 온전하게 한 번도 제대로 살아 보거나 경험해 보지 못한, 여권에 적힌 조국을 오매불망 늘 가슴에 품고 그리워한다. 딸아이의 꿈은 나중에 커서 꼭 '조국에서 1년 이상 살아 보는 것'이다. 더 큰 꿈은 '조국을 지키는 경찰 공무원'이 되는 것이다. 원래는 중국어를 모국어로 구사했지만, 요즘은 '내 조국은 한국'이라며 불철주야 한국 드라마와 영화를 보면서 '네이티브 스피커' 훈련을 하고 있다. 그래도 딸아이에게 조국이라는 개념은 도무지 이해되지 않고 가슴으로 와 닿지 않는, 세상에서 가장 어려운 철학적 개념인 듯하다. 갑자기 조국이란 무엇이냐고 묻는 걸 보니 말이다.

○ ○ ○

'네이티브' 미국인이자 인종 및 다민족, 다문화 연구 분야의 권위자인 로널드 다카키는 컨퍼런스에 참석하기 위해 어느 날 샌프란시스코에서 비행기를 타고 버지니아 공항에 내려 택시를 탔다. 백인 남성인 택시 기사와 날씨에 대해 이야기하던 중, 그 기사가 물었다.

"근데 당신은 미국에 온 지 얼마나 됐나요?"

그전에도 여러 차례 들은 말이지만 그럴 때마다 다카키는 위축되는 느낌이 들었다. "평생을 여기서 살았고, 저는 미국에서 태어났답니다."라고 대답하자, 그 기사는 "어쩐지 영어를 너무 잘한다 싶었지요!"라며 백미러로 한번 힐끗 자신을 쳐다보더라는 것이다. 기사에게 다카키는 미국인으로 보이지 않았던 것이다.

다카키는 그 순간 택시 밖의 버지니아 풍경을 보면서 처음부터 다인종·다문화 국가로 출발한 '다문화적인 미국 역사'에 대해 골똘히 생각했다. 1607년, 영국의 식민주의자들이 처음 미국 대륙에 정착하고, 이후 아프리카 노예 20명이 미국 땅에 발을 내디디면서 '다인종·다문화적인 아메리카'의 역사가 시작된 곳이 바로 버지니아의 제임스타운이기 때문이다.

다카키는 자신을 동료 미국 시민으로 보지 않은 건 그 택시 기사의 잘못이 아니라, 미국은 유럽 이민자들이 만들었고 미국 역사는 백인들의 역사라고 가르쳐 온, 백인 중심의 '거대 서사' 필터로 미국의 역사를 보게 만든 것이 문제라고 지적한다. 그러면서 미국에서 백인 외의 다른 인종들과, 유럽인을 조상으로 두지 않은 사람들은 이 거대 서사 주변으로 밀려났을 뿐만 아니라 완전히 무시당하거나 '우리와는 다르거나 열등한 타자'로 취급 받기도 한다는 것이다. 미국에서 나고 자라서 교수가 된 그 역시 백인 미국인들 눈에는 그저 타자로 보일 뿐이다.

다카키는 미국의 정체성을 구성하는 건 유럽인을 조상으로 둔 백인 미국인뿐만 아니라 이민자인 자신의 부모님과, 어릴 때 같이 살았던 이웃집의 수많은 다양한 인종들이 만들어 낸 '다문화'였고, 이 때문에 미국의 역사는 백인 중심의 거대 서사가 아니라 다문화·다민족이라는 또 다

른 거울을 통해 들여다봐야 온전하게 바라볼 수 있다고 말
한다. 그러면서 자신의 다문화 가정사 이야기를 들려준다.

나는 하와이에서 태어났다. 아버지는 일본인 이민자이고
어머니는 사탕수수밭 농장에서 태어난 일본계 미국인이
다. 우리는 일본인, 중국인, 포르투갈인, 한국인, 그리고 하
와이 원주민들이 뒤섞여 있는 노동자 계급 이웃들과 함께
살았다. 다문화라는 단어를 쓰지는 않았지만, 당시 우리는
다문화 속에 살고 있는 사람들이었다. 우리 이웃들은 모두
수많은 다양한 문화와 국적, 인종적 배경을 가진 사람들이
었다. 아버지는 내가 다섯 살 때 돌아가셨고, 엄마는 중국
인 요리사와 재혼했다. … 내 가족은 나중에 일본인과 베트
남인, 영국인, 중국인, 대만인, 유대인 그리고 멕시코 혈통
등 다양한 문화와 인종이 혼합된 다문화 가정으로 확대되
었다.[26]

미국이 다양한 인종과 이민자가 뒤섞여 만들어진 '합
중국'이라면, 중국은 56개 민족으로 구성된 다민족 국가
다. 중국 지도자들은 입버릇처럼 중국은 '모든 민족이 평
등하고 조화롭게 살아가는 다민족·다문화 공동체'라고 말

하지만, 실상은 절대 다수의 주류는 한족이고 나머지는 소수민족으로 분류되어 미국의 비백인들처럼 거대 서사의 주변으로 밀려나 타자화되거나 박제화되고 있다. 그중에서도 신장웨이우얼자치구에 사는 위구르족은 다른 민족보다 더 주변화되거나 타자화되는 소수민족이다. 주류 민족인 한족들이 보기에 그들은 여러 정치경제적 이유로 '조국을 배반하고 국가를 분열시키려고 하는' 위험 요인을 가진 민족이다. 이들은 신분증 위에 '중화인민공화국 공민'이라고 표기되어 있음에도 불구하고 늘 어딜 가나 감시와 제재의 대상이 되고 내륙 주요 도시로의 이동과 국외 여행의 자유도 제한받는다.

위구르족은 한때 수도 베이징의 개방성과 다문화를 상징하며 '가장 잘나가는' 소수민족이었다. 베이징에서 그들이 모여 살았던 간자커우 일대 신장촌과, 중앙민족대학이 있는 웨이궁춘(魏公村)은 한때 베이징의 다문화를 상징하는 공간이었다. 웨이궁춘과 웨이궁제(魏公街)라는 지명은 위구르족을 뜻하는 '웨이우얼'(畏兀儿)에서 유래됐다. 웨이궁춘의 전성기는 칭기즈칸의 몽골제국이 여진족의 금나라를 물리치고 1271년 원나라를 세운 뒤, 베이징을 가장 큰 중심 수도인 대도(大都)로 정하면서다. 지금의 투루판 일대에서 당시 고창국(高昌國)이라는 나라를 세워 살던 웨이우얼인은 몽골 서역 정복의 일등 공신이었다. 그들은 원나라 황제들의 두터운 신임을 받아 베이징에서 가장 높은 관직을 독차지하는 '고급 귀족' 계층이 됐다.

원 세조 쿠빌라이 황제가 가장 신임하는 신하였던 멍쑤쓰도 서역에서 건너온 웨이우얼 출신으로, 그가 죽자 황제는 성대한 장례를 치르고 지금의 웨이궁춘에 있는 가오량 하천 옆에 그의 무덤을 만들었다. 그 뒤 베이징에 살던 웨이우얼인들이 죽으면 자연스럽게 가오량허 근처에 매장되었고 그 일대를 중심으로, 서역에서 건너온 웨이우얼인들이 집단 촌락을 이루며 모여 살게 되었다. 웨이궁춘을 연구한 학자 저우훙에 따르면, 웨이궁춘이라는 지명은 멍쑤쓰의 사위이자 역시 원나라의 고관을 역임했던 웨이우얼 출신의 렌시셴과 그 아버지의 공로를 기려 위공국(魏公國)에 봉해진 데에서 유래했을 가능성이 크다고 분석한다.

그 당시 웨이우얼인은 지금처럼 이슬람 신자가 아니라 불교를 믿었고, 그들을 통해 원나라 수도 베이징에는 수많은 불교 사찰이 세워졌다. 지금 웨이궁춘 부근에 있는 유서 깊은 사찰 만수사와 오탑사는 당시 웨이우얼인들의 문화적 영향력을 상징하는 곳이다. 황족들이 이 사찰들을 자주 찾으면서 웨이궁춘은 베이징에서 가장 번화한 거리가 되었으며, 온갖 서역 문화와 물품들이 베이징으로 들어오는 통로이기도 했다. 원나라 이후 이곳은 지금의 싼리툰보다 더 국제화되고 다양한 문화와 민족들이 평화롭게 교류하는 공간이었다.

웨이궁춘은 청나라 말기에 쇠퇴하기 시작해 사회주의 신중국 건국 뒤에는 거의 흔적도 없이 사라졌다가, 1980년대 이후 이곳에 중앙민족대학이 생기면서 부활했다. 사라졌던 위구르인들이 다시 들어와서 식당을 차리고 집단 거주지를 만들자, 이곳에는 다양한 소수민족들이 들어와 베이징의 다문화 거리로 거듭났다. 하지만 1990년대 말까지도 온갖 민족 전시장처럼 북적거리던 웨이궁춘에 이제 남은 건 식당 몇 군데와 지명밖에 없다. 갖가지 정치적 이유로 이들은 고향인 신장으로 다시 돌려보내지거나 베이징의 회족 거리인 뉴제 등으로 뿔뿔이 흩어졌다. 베이징을 다양하게 들여다볼 수 있는 '또 다른 거울' 하나가 사라진 셈이다.

○ ○ ○

　내게도 언젠가는 다카키처럼 확대된 다문화 가정이 생길지 모른다는 상상을 한다. 지금은 '내 조국은 어디이며, 조국이란 무엇인지'를 고민하는 딸과 아들이 자라서 만일 다른 소수민족이나 외국인과 결혼한다면 우리 가족은 이를테면 한족과 위구르족, 한국인과 일본인, 그리고 서양인 등 다양한 민족과 조국을 가진 확대된 다문화 가정이 될지도 모른다. 그때도 딸아이와 손자들은 여전히 '조국이란 무엇인가'를 고민하고 있을까. 다카키가 말했다. 우리는 언젠가는 모두 '소수자들'(minorities)이 된다고. 그래서 우리는 더 나은 미래를 위해서라도 '또 다른 거울'을 들여다봐야 한다고. 우리에게도 머지않은 미래다.

나의
베이징 이야기

제2부

가난이라는 병

이 도시에 시간이 거꾸로 흘러

고목이 봄을 맞고

사라진 냄새와 소리, 빛이 돌아오면

돌아갈 집이 없는 영혼들을 반갑게 맞이할 것이다.

호기심으로 가득한 모든 손님을 반갑게 맞이할 것이다.

_베이다오, 『내 유년의 빛』[27]

나의 집은 어디인가

앞집 청년들이 이사를 갔다. 앞집에는 원래 일가족 네 명이 오랫동안 세 들어 살고 있었다. 1년 전쯤 그들이 이사를 간 뒤 한 달이 지나도 세입자를 구하지 못하자, 애가 탄 집주인이 복도에서 마주친 나를 붙들고 "소개비를 줄 테니 한국인 세입자를 구해 달라"고 부탁했다. 지은 지 20여 년이 지난 지금까지 리모델링이나 내부 수리를 한 적 없는 그 집은, 아무리 싸게 내 놓아도 쉽게 세입자를 구할 수 있는 상태가 아니었다. 소개해 줬다가는 욕만 바가지로 먹을 듯했다. 그런 집에 어느 날부턴가 사람들이 들어와 살기 시작했다.

새로 이사 온 사람들은 남녀 청년 4명이었다. 오가며 열린 문 사이로 슬쩍 보니 집 구조가 예전과는 완전히 딴판이었다. 집안에 임시 벽을 만들어 쪽방 구조로 개조했다. 가족 세입자를 구하지 못하자, 노랑이 같은 집주인이 아주

'혁명적인' 발상을 한 것이 분명했다. 최근 베이징 집주인들 사이에서 유행한다는 '쪽방 운영'이었다. 이는 말 그대로 서로 모르는 낯선 사람들이 아파트 방 한 칸을 원하는 기간만큼 장단기로 빌리는 것이다. 아파트 내부를 아예 게스트 하우스나 기숙사처럼 개조해서, 한 방에 이층 침대를 두서너 개 놓고 침대 하나당 월세를 받는 곳도 많다. 중국에서는 주택이나 아파트 내부를 개조해 이렇게 작은 쪽방 여러 개를 만들어 임대하는 형태의 월세방을 '췬쭈팡'(群租房)이라고 한다. 중국식 아파트 쪽방인 셈이다. 물론 이는 엄연히 불법이다. 하지만 세계 주요 도시 가운데 임대료가 비싼 도시 상위권에 속하는 베이징에서는 암암리에 묵인되고 있다.

베이징에서 나고 자란 토박이가 아닌 이상, 부모의 재력이나 막강한 개인 소득이 뒷받침되지 않는 평범한 외지인들은 웬만해서는 베이징에서 혼자 세를 얻어 살기 힘들다. 대부분은 친구나 회사 동료들과 공동 주거를 하거나 아파트 쪽방에 방 한 칸, 침대 한 칸을 얻어 사는 경우가 많다. 서울에서 청년들이 높은 임대료를 감당하지 못해서 몸하나 겨우 누울 수 있는, 골방 같은 고시촌에서 기약 없는 주거 난민 생활을 하는 것과 똑같다.

앞집 청년들은 사실상 쫓겨난 거나 마찬가지다. 그들을 몰아내기 위해, 9층에 사는 남자가 지난 몇 달 동안 얼마나 애를 썼는지 모른다. 나는 9층 남자를 '게슈타포'(독일 나치 정권의 비밀경찰)라고 부른다. 그는 주로 이 아파트 안에 있는 '수상한 자'나 '위험인물'을 적발해 아파트 입주민 단체 대화방에 공개한다. 특히 코로나19가 확산되자 9층 게슈타포는 마치 물 만난 물고기처럼 여기저기 팔딱거리면서 촉수를 들이대기 시작했다. 코로나를 퍼뜨릴 만한 위험 분자들을 색출해 내야 한다며, 하루 종일 단체 대화방에 온 아파트 주민들의 주거 상황을 떠들어 대기 시작했다. 어떻게 알아냈는지는 몰라도, 그는 정확하게 앞집에 새로 이사 온 청년들을 지목했다. 앞집 주인이 집을 불법으로 개조해서 쪽방 임대를 하고 있다며, 당장 세입자들을 퇴거시키고 집을 원래 구조로 원상 복구시키지 않으면 신고하겠다는 엄포도 났다. 아파트 주민들의 민심을 얻기 위해 그는 '아파트 계급론'이라는 괴변도 늘어놓았다.

"우리 아파트가 근처 다른 브랜드 아파트와 비교해서 가격이 더 쌀 이유가 하등 없다. 하지만 왜 갈수록 가격 격차가 벌어지고 있는가? 바로 몇몇 한심한 집주인들이 집을 불법으로 개조해서 외지인에게 쪽방 임대를 해주고 있기 때문이다. 아파트의 가격과 품위는 그곳에 사는 사람들의 사회적 신분을 반영하는 것이다. 그런데 우리 아파트가 쪽방 임대로 유명해지면 아파트 가격과 우리의 품위는 어떻게 되겠는가?"

9층 게슈타포의 말이 설득력이 있었던지, 많은 입주민들이 쪽방 임대 근절과 세입자 퇴거에 찬성했고 관련 기관에 민원을 제기했다. 그리고 며칠 뒤 앞집 청년들이 갑자기 이사를 했다. 다음날에는 집주인이 인부 몇 명을 데리고 와서 집안의 가벽을 허물고 다시 원래 구조로 복구하는 공사를 했다. 노랑이 같은 그 집주인은 분명히 피눈물을 흘렸을 것이다.

문을 열어 놓은 채 분주하게 이삿짐을 싸고 있는 청년한 명과 인사를 하며 어디로 이사를 가느냐고 물었더니, 옌자오(燕郊)로 간다고 했다. 부지런히 돈 모아서 빨리 당신 집을 사는 게 최고라는 '하나 마나 한' 덕담을 한 뒤 돌아서려는데 그 청년이 나를 향해 설핏 웃더니 이렇게 응수했다.

"베이징에 내 집이 어디 있겠어요? 백 번을 다시 태어나도 이 월급으로는 절대 베이징에 작은 집 한 채도 못 살걸요. 이제 옌자오로 가면 평생 거기서 못 나올지도 몰라요."

○ ○ ○

27세 청년 쉬캉도 주거 난민이다. 14세에 고향을 떠나 베이징으로 와서 음식점 등에서 일하다가 나중에는 여러 도시를 전전하며 일했다. 최근에는 티베트 라싸에 정착해서 6년 동안 식당 주방에서 일하고 있다. 그는 주로 식당에서 제공하는 단체 기숙사나 여러 형태의 쪽방을 옮겨 다니며 살았다. 그는 간절하게 자신의 '집'을 가지고 싶었다. 그러던 차에, 2021년 11월 인터넷에서 우연히 헤이룽장성 허강이라는, 러시아와 국경을 맞대고 있는 소도시의 아파트 한 채 가격이 불과 3만 위안(약 540만 원) 정도밖에 안한다는 소식을 접했다. 그는 바로 그곳으로 달려가 집을 사버렸다. 처음으로 이 지상에서 오직 자신에게만 속하는 '집'을 가지게 된 것이다. 거실과 방 한 칸이 있는 47제곱미터의 아주 작고 낡은 아파트였다. 그 집을 사기 전까지는 허강이라는 지명을 생전 들어 본 일도 없었다.

잔금을 모두 치르고 자기 이름이 새겨진 '방산증'(집 문서) 수속을 완료한 날, 허강에는 눈이 소복하게 내렸다. 그는 '자기 집' 창문에 서서 눈 내리는 풍경을 보며 감격에 벅찼다. 침대 하나만 덩그러니 놓인 집에서 그는 며칠을 지내다가 다시 라싸로 돌아왔다. 비록 허강에 집을 사기는 했지만 그 지역 임금 수준이 형편없는 데다 일자리도 마땅치 않아서, 당분간 라싸에서 계속 일하며 돈을 좀 더 모아서 집 리모델링 비용을 마련하기로 했다. 하지만 라싸로 돌아온 지 얼마 지나지 않아 코로나19가 확산되어 다니던 식당도 문을 닫았다. 수입이 끊기고 급기야 통장에 0.59위안(약 100원)만 남게 되자, 그는 집을 팔기로 했다. 더는 버틸 생존 비용이 없었기 때문이다.

우여곡절 끝에 그는 2022년 2월 말 허강의 집을 팔았다. 3만 위안에 산 집은 2만 2000위안에 거래되었다.

"그 집을 산 뒤부터 잠시나마 안정감이 생겼고, 어디를 가더라도 불안하지 않았다."

쉬캉은 허강에 집을 사러 가던 때의 마음을 생생하게 기억한다.

"새벽 3시에 기차에 올라타서 잠시 눈을 붙이며 허강에 도착하길 기다렸다. 그 순간 얼마나 뿌듯하고 흐뭇했는지 모른다."[28]

나는 옌자오에 산다. 옌자오는 베이징이 아니라 허베이성 소속이다. 집값이 싸서 많은 사람들이 여기로 와서 집을 사거나 세를 얻어 살고 있다. … 매해 설날에 고향에 돌아가면, 속도 모르는 다른 사람들은 "베이징에서 집도 사고, 너 참 잘 풀리는구나."라며 부러워한다. … 어느 날 회사의 한 상사가 어디 사느냐고 물어보기에, 옌자오에 산다고 대답했더니 그가 웃으면서 농담으로 이렇게 말했다. "가난한 집 자식이구만! 내가 만일 옌자오에 산다면, 정말이지 견딜 수가 없었을 거야." 그 말을 듣는 내 마음 한 켠이 저려 왔다. …

모든 사람이 개미처럼 목숨만 겨우 부지한 채 살아가고 있다. 옌자오에 사는 나도 그런 개미들 중 한 명이다. 회사 동료 한 명은 내게 이렇게 말했다. "옌자오에 있기는 하지만 그래도 넌 집이 있잖아. 대부분은 나처럼 아직 집도 절도 없는 신세라고. 베이징에서 세 들어 살고 있는 신세보다는 옌자오에 집을 가진 네가 훨씬 부러워." 하지만 인생은 비교할 수 있는 것이 아니다.[29]

베이징에 사는 수많은 청년 쉬캉들은 허강 대신 옌자오로 간다. 옌자오는 다리 하나를 사이에 두고 베이징과 맞붙어 있는, 허베이성에 속하는 경제 개발구 도시다. 2010년을 전후해서 이 지역에, 우리나라의 신도시와 비슷한 대규모 아파트 단지들이 들어서기 시작했다. 옌자오를

관할하는 허베이성 정부에서는 이 지역이 베이징과 마주
보고 있고, 자가용으로 30분 정도면 베이징의 시내 중심가
로 접근할 수 있다는 점을 내세워 대대적인 아파트 분양 마
케팅을 했다. 가장 주목을 끈 것은, 옌자오에 집을 사면 베
이징 호구(주민등록지)를 준다는 홍보였다(부동산 개발 회사
에서 홍보한 것으로 실제 정부 정책에는 그런 사항이 없었다).

중국에서 호구는 한 사람의 인생을 좌지우지할 정도
로 중요하다. 베이징에 사는데 베이징 호구가 없으면 자녀
의 학교 진학도 문제가 되고 의료보험과 양로보험 등 여러
사회복지 혜택을 누릴 수 없다. 하지만 베이징이나 상하이
같은 중국 내 일선 도시에서 해당 호구를 얻기란 하늘에 별
따기보다 더 어렵다. 그런데 옌자오에 집을 사면 베이징
호구를 주겠다고 하니, 너도 나도 옌자오로 몰려갔다. 베
이징 집값의 절반밖에 되지 않는 옌자오의 싼 집값도 매력
적인 요인이었다. 특히 청년들이 옌자오로 몰려갔다. 베이
징 외각에 있던, 주거 난민들의 집단 거주지 탕자링이 철
거된 뒤 더 많은 사람이 옌자오로 갔다. 베이징의 치솟는
집세와 물가를 감당하기 힘들었기 때문이다.

옌자오의 집값은 투기꾼이 몰리면서 한동안 크게 올
랐다가 지금은 곤두박질쳤다. 베이징과 다리 하나를 사이

에 두고 붙어 있지만, 교통 인프라가 충분하지 않고 베이징으로 들어가려면 버스에서 내려 검문소에서 신분증 검사를 받아야 한다. 그렇게 오며 가며 베이징으로 출퇴근을 하려면 하루 서너 시간을 길에 버려야 한다. 옌자오에 집을 산 사람들도 주중에는 베이징 내 쪽방이나 회사 기숙사 등에서 지내다가 주말에만 '자신의 집'으로 돌아오는 경우가 많다. 낮에는 도시 자체가 텅 빈다. 각광받던 신도시는 지금 베드타운으로 전락했다. 투자 가치는 이미 빛이 바랬고, 지금은 베이징으로 진입하지 못하는 주거 난민들의 피난처가 되었다.

○ ○ ○

9층에 사는 게슈타포는 최근 단체 대화방에 아파트 가격을 담합하자고 선동질을 한다. 평당 얼마 이하로는 절대 내놓지 말라는 것이다. 집을 세놓을 때도 세입자를 봐 가며 임대하라고 주문한다. 세입자가 다니는 회사와 학력 정도, 어느 지방 출신인지 등을 종합적으로 고려해서 신중하게 임대해야 한다고 강조한다. 그래야 우리 아파트가 품위 있고 신분 있는 사람들의 거주지로 몸값이 올라간다고 했다. 나는 단체 대화방에서 항상 손가락을 부르르 떨며, 쓸까 말까 고민한다.

'게슈타포! 당신만 이 아파트에서 사라지면 우리 아파트는 훨씬 더 품격 있고 품위 있는 공동체가 될 거야!'

그나저나, 옌자오로 간 앞집 청년의 건투를 빈다.

가난한 사람들은
베이징을 나가라

이케아에서 물건을 담고 있는데 한 남자가 불쑥 앞으로 다가왔다. 자신은 운반 및 조립 전문가라며 총 200위안(약 3만5000원)만 내면 운반에서 조립까지 신속하게 처리해 주겠다고 했다. 내가 조립용 책상을 꺼내서 카트에 담을 때부터 나를 표적 삼아 노리고 있었던 게 틀림없다. 택시로 싣고 갈 수 있는 부피가 아니었기 때문에 그의 제안이 내심 반갑기는 했다. 예전 같으면 이케아 앞에 봉고차들이 대기하고 있다가 손님이 나오면 우르르 몰려와서 경쟁적으로 흥정하곤 했는데, 요즘은 코로나19 때문인지 단속 때문인지 통 보이질 않는다.

봉고차에 물건을 싣고 가는 길에 입담 좋은 그는 묻지도 않았는데 자신을 헤이룽장성에서 온 류씨라고 소개했다. 명함을 한 장 건네면서, 무거운 물건이나 간단한 이삿짐 운반 또는 물건을 조립할 일이 있으면 언제든지 자신에게 연락하라고 했다. 바람처럼 달려가서 신속 정확하게 일해 주는 것은 물론이고 가격도 '친구 가격'으로 해주겠다면서 말이다. 그는 고향 헤이룽장에서 국유 기업에 다니다가 퇴직 연령보다 훨씬 이른 나이인 오십 무렵에 회사와 상의해서 '내부 퇴직'(기본급만 받는 조건으로 미리 퇴직하는 제도)을 하고 베이징으로 와서 '늙은 다공족(임시직 노동자)' 생활을 한다고 했다. 수익성 없는 공장에서 매달 1천 위안도 안 되는 기본급만 받고 허송세월하느니 베이징에 와서 몸 쓰는 일을 하는 게 훨씬 더 많이 벌 수 있기 때문이다.

베이징에 오기 전에 잠깐 허베이성 스좌장의 공사장에서 일했는데 일이 너무 고되고 힘들어서 때려치우고 고향 사람 소개로 중고 봉고차 하나를 헐값에 사서 물건 운반이나 출장 수리, 조립 같은 '서비스업'을 하고 있다고 했다. 한동안은 코로나 때문에 일이 없어져서 고향으로 돌아가 거의 1년 동안 고향집 흙만 파먹고 살다가 최근 다시 베이징으로 와서 돈벌이를 시작했다고 했다. 하지만 이렇게 드문드문 돈을 벌다간 곧 굶어 죽을 것 같다며, 베이징에는 파먹을 흙도 없다며 뭐가 웃긴지 혼자 껄껄 웃었다.

눈앞에 닥친 가장 큰 문제는 주거비용이라고 했다. 몇 년 전까지만 해도 이케아에서 그리 멀지 않은 성중촌(城中

村, 도시 속 촌락)에서 한 달에 500위안(약 8만5000원) 정도면 작은 방 하나를 월세로 빌릴 수 있었는데, 2017년 무렵부터 곳곳의 성중촌이 잇달아 철거되면서 더는 발붙이고 살 곳이 없다는 것이다. 코로나19가 발생하기 1년 전부터는 고향 사람들 7명과 함께 원룸 아파트를 공동으로 빌려서 살았지만 각자 부담해야 하는 비용도 성중촌의 1인실보다 훨씬 비싸고 주거의 질도 나빴다. 베이징은 온통 시골 사람 등쳐 먹는 '도둑놈들의 세상'이라고 욕하던 그는 또 뭐가 웃긴지 껄껄 웃었다.

○ ○ ○

20여 년 전, 베이징에 처음 와서 온종일 집을 구하러 다닐 때 나도 비슷한 설움을 느꼈다. 전봇대에 붙어 있는 '원룸 세입자 구함' 광고지 수십 개를 들고 동네를 이 잡듯이 돌아다녔지만 원하는 가격대의 셋방을 구할 수 없었다. 베이징은 소문대로 월세가 만만한 곳이 아니었다. 그러다 해거름이 되어 여기저기 아파트 창문에 하나둘 불빛이 켜지자 갑자기 서러움이 왁락 밀려왔다. 저 불빛들 속에 내가 살 수 있는 작은 방 한 칸이 있다면 얼마나 행복할까 생각했다.

　어렵사리 구한 낡은 아파트 주변에는 성중촌들이 곳곳에 즐비하게 있었다. 성중촌은 아직 개발되지 않은 땅에 벽돌이나 슬레이트로 집을 지어서 작은 촌락을 형성한 곳이다. 주로 가난한 도시 빈민과, 농촌에서 도시로 돈 벌러 온 농민공이 거주한다. 집주인은 대부분 원주민인데, 그들은 토지가 수용되어 철거가 결정되면 일정한 보상금을 받을 수 있다. 처음 구한 베이징 아파트 원룸 주인도 원래는 근처 성중촌에 살다가 개발 보상금을 받고 철거민을 위해 지어진 철거민용 정착 주택으로 이사 온 사람이었다. 그들은 베이징 원주민들이어서 보상금도 받고 정착 주택도 분양 받았지만, 그곳에 세 들어 살던 외지 농민공들은 철거가 결정되면 대책 없이 나가야 한다. 그래도 그 시절에는 베이징 곳곳에 성중촌이 많아서 농민공이나 도시 빈민들이 살 곳을 찾는 일이 어렵지는 않았다. 말이 촌락이지 성중촌 내부에는 식당과 이발소를 비롯해 인력 소개소, 각종 상점, 피시방과 당구장 같은 오락 시설, 심지어 병원 역할을 하는 보건소 등 웬만한 주민 편의 시설은 다 갖추고 있었다. 소도시 같은 곳이었다.

　당시 베이징 성중촌은 저장촌, 신장촌, 허난촌 등 동향민 집단 촌락이 많이 형성되어 있었다. 저장촌은 1980년대 초반 이후 베이징에서 가장 규모가 큰 동향촌으로 유명했다. 대부분 저장성 원저우 출신 사람들이 베이징 남쪽 무시위안 일대에 집단 촌락을 형성해 살면서 의류 도소매업에 종사했다. 거주 인구만 약 10만 명이 넘어서 웬만한 대형 아파트 단지 규모를 능가했다. 하지만 1990년대 이후 저장촌을 중심으로 각종 범죄 사건이 일어나고 빈민굴화하는 조짐이 보이자 1995년 베이징시 정부는 저장촌에 대한 대대적인 '청소 작업'을 진행했다. 촌락은 강제 철거되었고, 주민들은 뿔뿔이 주변 외각으로 흩어졌다.

베이징시는 저장촌 정리 작업을 계기로, 1995년 8월에 정식으로 공안국 산하에 외래인구관리처를 설립해 농민공 등 외지에서 유입되는 유동 인구를 체계적으로 관리하기 시작했다. 그리고 저장촌 규모를 축소해서 외지 인구와 베이징 원주민 거주 비율을 일대일로 조정하고, 약 70퍼센트 정도의 외래 인구를 베이징 밖으로 '축출'했다. 2008년 베이징올림픽을 전후해 베이징 내 다른 성중촌도 하나둘 강제 철거되었고, 그 땅에는 새 아파트와 주상 복합 오피스 건물이 속속 들어섰다. 베이징 부동산 개발 붐이 일던 시기였다. 개발업자에게 베이징은 19세기 미국의 서부 개척 시대처럼 노다지를 캘 수 있는 '황금의 땅'이었다. 마찬가지로 농촌에서 돈벌이를 하러 올라온 수많은 농민공들에게도 베이징은 기회와 꿈의 땅이었다. 하지만 개발업자가 자신의 황금 주머니를 늘릴수록 농민공들의 기회와 꿈은 작아졌고, 처음 이 도시에서 발을 붙이고 살 수 있게 해 준 '디딤터'인 그들의 거주지도 사라졌다.

충칭시에는 류궁리(六公里)라는 성중촌이 있다. 왕젠 일가의 공장 겸 숙소가 있는 곳도 이곳 류궁리다. 39세의 왕젠은 고향에서 2년 동안 목공으로 일해서 모은 700위안을 들고 이곳으로 왔다. 그는 이곳에 작은 방 하나를 얻어 살면서 버려진 나무와 철을 주워 중식 목욕통을 만들어 팔았다. 1년 뒤 약간의 돈이 모이자 그는 작업실을 넓혔고 고향에 있는 아내와 아들, 며느리와 어린 손주까지 데리고 왔다. 그들이 사는 공간은 협소하고 밀집되어서 최소한의 프라이버시조차 지킬 수 없었지만 고향으로 돌아가고 싶어 하는 사람들은 없었다. "여기서 적당한 생계 방식을 찾기만 하면 가족과 자손들은 성공의 기회를 얻을 수 있다. 하지만 농촌에서는 아무리 노력해 봤자 그저 배나 곯지 않는 정도일 뿐이다."라고 왕젠은 말했다.[30]

캐나다 언론인이자 작가인 도그 손더스가 쓴 『어라이벌 시티』(*Arrival City*)의 시작은 중국 충칭시에 있는 성중촌 류궁리에 대한 이야기다. 손더스는 류궁리에 사는 농민공들이 도시에서 분투하며 계급 사다리를 하나씩 밟고 올라가는 과정을 취재하고 관찰하면서 중요한 사실 하나를 알려준다. 외부 사람이나 도시인이 보기에는 그저 평범한 빈민굴에 불과하고 주류 계층 진입에 실패한 사람들의 집단 거주지처럼 보이지만, 류궁리 같은 성중촌은 농민공과 도시 빈민에게는 세상의 중심을 향해 첫발을 내디딜 수 있게 해주는 삶의 디딤터(落脚城市)가 된다고 말이다. 그곳에서 그들은 저렴한 생존비용으로 공동체가 제공하는 각종 생존 비법과 방법을 배우면서 차츰 새로운 계급으로 도약하는 발판을 마련할 수 있다.

1980년대 이후 우리나라 역시 많은 농촌인구가 서울 등 대도시로 이주했다. 중국 농민공과 마찬가지로 그들이 서울에서 처음 정착하는 곳은 달동네였다. 1990년대 중반 최고 인기 드라마였던 <서울의 달>을 기억해 보라. '가슴에 제비를 품고 다니는' 양아치와 시골에서 상경한 촌놈, 그리고 그곳에 살던 수많은 가난한 사람들에게 당시 옥수동 같은 달동네가 없었다면, 그들은 어디서 무엇을 하며 살아야 했을까.

2017년 9월 27일 중국 국무원은 <베이징시 총체규획
(2016~2035년)>안을 발표했다. 이 규획에 따르면 2020년
까지 베이징시는 인구를 2300만 명 수준으로 통제하겠다
고 했다. 참고로, 2019년 발표된 베이징시 인구는 약 2150
만 명이다. 2020년 이후에도 계속 상주인구를 2300만 명
정도로 통제할 것이라고 했다. 베이징시는 이미 2015년부
터 '대도시 병'에 걸린 베이징의 고통을 완화해야 한다는
이른바 '수도소해'(首都疏解) 정책을 실시하고 있다. 외래
인구의 과다 유입으로 수도의 핵심 기능이 마비되고 공기
오염과 자원 낭비가 심해 과부하가 걸린 베이징을 고통에
서 구출해야 한다는 것이다.

그 첫 번째 조치는 '필요 없는' 인구를 베이징 밖으로
축출한 것이다. 베이징 내 핵심 6개 지역에 인구 축출 할당
량도 정해졌다. 그 결과 100만 명 이상의 '불필요한' 인구
가 베이징에서 축출되었다. 중국 정부는 이들을 '디돤런커
우'(低端人口, 농민공 등 도시 빈민층)라고 불렀다. 이들을 베
이징 밖으로 밀어내면서, 베이징시는 수도의 핵심 기능을
정치와 문화 중심 도시, 국제 교류와 과학기술 창신 중심
도시로 압축했다. 이 네 가지 핵심 기능과 부합하지 않는

기관이나 사업체도 향후 5년 내에 베이징 중심에서 철수시킬 것이라고 밝혔다.

2017년 '디돤런커우'를 축출하는 작업이 시작되면서 그들이 살던 수많은 성중촌도 대부분 철거되었거나 철거를 앞두고 있다. 더 나아가 '베이징은 더 이상 모험가들의 낙원이 아니'라며 '전문성과 특수한 장점, 능력, 안정적인 수입이 없는' 사람들은 베이징을 떠나라고 한다.

이케아 앞에서 봉고차로 물건을 옮기고 조립하며 살아가는 류씨도 조만간 베이징을 떠나야 할 것이다. 네 가지 조건 중 한 가지도 만족하지 못하지만, 무엇보다 더 이상 이 도시에서 거주할 공간이 없기 때문이다. 그들에게 성중촌은 도시로 들어가는 문턱이자 디딤돌이었지만 이제 그 공간은 흔적도 없이 사라졌거나 사라지고 있다. 그들이 모두 떠나간 베이징 하늘에는 어떤 해와 달이 뜨고 질까. '전문성과 특수한 장점, 능력, 안정적인 수입을 가진' 사람들로 득실거리는 도시에는 "못쓰게 된 나사를 폐기해 버리는 '은혜로운 분'의 능숙하고 무거운 손이 있고 '보안 요원'의 숙련된 눈이 있을 지니."[31]

눈물 냄새 나는 거리,
베이징 행복로를 아시나요

천국에 사는 사람들은 지옥을 생각할 필요가 없다. 그러나 우리 다섯 식구는 지옥에 살면서 천국을 생각했다. … 우리의 생활은 전쟁과 같았다. 우리는 그 전쟁에서 날마다 지기만 했다.[32]

해마다 한 번씩 조세희 선생의 '난쏘공'(『난장이가 쏘아 올린 작은 공』)을 읽는다. 1978년에 처음 출판된 이 소설은 지금 읽어도 전혀 구닥다리 같은 느낌이 안 든다. 그때나 지금이나 가난하고 억울하고 비통한 사람들의 '눈물 냄새'는 여전히 세상 곳곳에 스며 있고 그들의 생활도 여전히 '날마다 지기만 하는' 전쟁 같기 때문이다.

'신장은 백십칠 센티미터, 체중은 삽십이 킬로그램'인 난장이네 가족이 살았던 동네는 '서울특별시 낙원구 행복동 46번지'다. 그들은 '낙원구 행복동'에 살지만 그곳은

'서울특별시' 최고의 지옥 동네다. 어느 날 그 동네 주민들에게 구청의 철거 계고장이 날아든다. 도시재개발 사업 결정으로 행복동 일대 거주민들은 자진 철거를 해야 한다는 내용이다. 하지만 난장이네 가족은 그 가난한 지옥 동네 행복동을 떠나면 마땅히 갈 곳이 없다. 새로 개발되는 아파트 입주권을 사려면 130만 원은 있어야 하지만, 당장 그 많은 돈이 없기 때문에 거간꾼에게 헐값 22만 원에 집을 팔아야 할 처지고, 거기서 전세 주었던 돈 15만 원을 제하고 나면 7만 원밖에 남지 않기 때문이다.

동사무소 앞에 사람들이 몰려 있었다. 승용차도 몇 대 서 있었다. 그곳에는 두 부류의 사람밖에 없었다. 입주권을 팔려는 사람과 사려는 사람이었다. 팔려는 사람들은 초조한 얼굴로 거간꾼들의 눈치만 보았다. 한결같이 영양이 나쁜 얼굴들이었다. 거기서는 눈물 냄새가 났다.[33]

○ ○ ○

베이징에도 눈물 냄새 나는 거리가 있다. 그 거리 이름은 '행복로'다. 난장이네가 1970년대에 살았던 '낙원구 행복동'을 닮은 이름이지만 그곳은 소설 속 무대가 아니라 베이징에 실재하는 거리다. 2002년 무렵 소문으로만 듣던 그곳을 처음 찾아갔을 때, 나는 그곳에서 평생 살아가면서 만날 수 있는 모든 종류의 불행한 사람들을 한나절 동안 다 만날 수 있었다. 그곳 사람들도 한결같이 영양이 나쁜 얼굴이었고 누구 하나 웃는 얼굴이 없었다. 마치 한 편의 블랙코미디 영화처럼, 행복로는 거리 이름과는 반대로 세상에서 가장 불행하고 비통한 사연을 가진 사람들의 거리였다. 2014년 『베이징 청년보』 등을 비롯해 각종 언론 매체에 이들의 온갖 불행한 사연들이 소개되었다.

란충비 : 광둥성 둥관 사람. 2008년 다섯 살짜리 딸이 동네 50대 남자에게 성폭행 당함. 남자는 7년형을 받고 감옥에 갔지만 란충비는 죄질에 비해 형량이 너무 가볍다고 생각해 어린 딸을 데리고 베이징으로 와서 상팡(上訪)★을 시작함. 평소에는 쓰레기나 폐지 등을 주워서 생활하고 일세 10위안(당시 환율로 약 1300원)짜리 방에 살고 있음.

★ 각종 억울한 문제를 해결하기 위해 관련 상급 기관에 가서 진정서를 내거나 항의하는 일.

황위샹 : 허난성 상차이현 사람. 2008년 동생이 억울하게 맞아 죽었지만 살인자는 법망을 피해 나가 처벌받지 않음. 동생의 주검은 경찰이 강제로 빼앗아 간 후 지금까지 어디 있는지 알 수 없음. 동생의 억울한 죽음을 알리기 위해 베이징에 와서 상팡 인생을 시작함.

린진쥐 : 장시성 광펑현 사람. 71세. 현지 정부가 재개발을 이유로 철거를 통고하며 린진쥐 부부에게 강제 이주를 명령했지만 합리적 보상이나 새로운 정착지를 마련해 주지 않음. 살던 집은 강제 철거당하고 그 사이 남편이 죽자 베이징에 와서 상팡을 시작함.

저녁이 되어 주변 아파트 창문 사이로 모락모락 밥 짓는 냄새가 새어 나오고 식당마다 사람들이 옹기종기 둘러앉아 맛있는 식사를 하고 있을 때 행복로에 사는 수많은 난장이들은 아무것도 들어 있지 않은 하얀 밀가루 만두에 짠지를 얹어 먹고 있었다.

행복로에 있는 몇 안 되는 식당들은 전쟁통 피란민들의 임시 막사처럼 비닐로 대충 지어졌고 밖에서도 안이 훤히 들여다보였다. 낡은 의자와 식탁 몇 개가 놓인 천막 식당에서는 고깃국물로 만든 국수와 그냥 수돗물로 끓여 낸 아무것도 들어가지 않은 멀건 국수 두 종류를 팔았다. 그나마 형편이 좀 나은 사람들은 고깃국물과 채소가 조금 들어간 국수를 먹었지만, 대부분의 사람들은 수돗물로 끓인 밍밍한 국수를 짠지와 함께 먹었다. 아직도 나는 바람 쌩쌩 부는 추운 겨울날, 비닐 천막 식당의 희뿌연 알전구 아래에서 후루룩 후루룩 멀건 국수를 먹던 행복로 난장이들의 모습을 잊지 못한다. 추워서 오들거리며 국수를 먹는 사람들의 입김과, 국수에서 나오는 뜨거운 김이 한데 섞여 찬바람 부는 행복로의 겨울 하늘에 뿌연 성에처럼 차오르고 있었다.

행복로는 베이징 남역(기차역) 부근에 있다. 중국 전역에서 온갖 억울한 사연을 갖고 몰려온 사람들이 장단기 거주하는 거리인데, 사람이 사는 곳이라고는 믿기지 않을 만큼 주거 환경이 열악한 쪽방이 골목 가득 즐비했다. 그 거리에는 두 부류의 사람들이 살고 있었다. 억울하고 분통 터지는 사연을 들고 베이징의 상급 기관에 호소하러 온 사람들과, 그런 이들에게 쪽방 대여 알선이나 서류 작성 대행 등 가종 서비스를 제공해 돈을 버는 사람들이다.

행복로는 고향 마을에서 제대로 처리해 주지 못하는

각종 억울하고 불공정한 사건을 해결하기 위해 베이징에 있는 국가신방국(國家信訪局, 국무원 산하 민원 담당 중앙부서)과 최고인민법원 등에 진정서를 내거나 면담을 신청하기 위해 오는 사람들이 가장 많이 거주하는 곳이었다. 행복로에서 약 1.5킬로미터 떨어진 곳에 이들이 주로 찾아가는 국가신방국이 있었기에, 각지에서 온 사람들은 가장 먼저 행복로에 있는 '상팡촌'에 짐을 풀고, 먼저 온 상팡 선배들로부터 각종 정보를 얻거나 경험담을 들었다.

언제부터 이곳에 상팡자들의 집단 거주촌이 생겨났는지 정확한 기록은 없지만, 여러 증언을 종합해 보면 대략 개혁·개방 뒤인 1980년대부터 형성돼 2000년 초반에는 상주 세입 인구만 약 3천여 명이었을 정도로 전성시대를 맞았다. 1980년대 이후 중국 사회는 계획경제에서 시장경제 체제로 전환되고 도시 개발붐 등이 일어나면서 수많은 사회경제적 갈등과 분쟁이 끊임없이 발생했다. 그러나 당시 중국에는 그런 갈등과 분쟁을 공정하게 해결할 법과 제도가 미비했고, 특히 지방으로 내려갈수록 법은 인민에게 '그림의 떡'이나 마찬가지였다. 그래서 그들은 『난쏘공』에 나오는 난장이 가족이 '우리의 고통을 알아주고 그 고통을 함께 져 줄 사람'이 필요했던 것처럼, '인민의 눈물을 닦아 주는 곳'이라 믿는 국가신방국이 있는 베이징으로 갔다.

국가신방국은 우리나라 청와대나 의회의 국민청원처럼, 법으로 해결할 수 없거나 공정한 도움을 받지 못한 사람들이 찾아가는 마지막 호소처다. 1951년 중국 정부는 '신방(信訪) 제도'를 만들었고 1986년 사전에 '신방'이라는 단어가 공식적으로 담겼다. 사전에 따르면 "신방이란 인민 군중이 관련 부서에 서한이나 방문 형식을 통해 자신의 상황을 반영하고 문제의 해결책을 요구하는 것"이다.[34] 1995년에 제정되고, 2005년에 수정된 <신방조례>에 따르자면 "신방은 공민과 법인 혹은 기타 조직이 서한이나 전자우편·팩스·전화·방문 등 형식을 통해 각급 인민정부와 현급 이상 인민정부 부문에 (문제를) 반영하고 의견을 제안하거나 해결을 구하는 투서를 통해 관련 행정기관이 법에 따라 처리하는 행위"라고 규정했다. 이에 따르면 전국 각지의 모든 지방정부 산하에 별도의 신방국이 있고 인민들은 언제든 자신이 살고 있는 지역의 신방국에 문제를 제기할 수 있지만, 대부분의 사람들은 중앙 지도자와 기관들이 있는 베이징의 국가신방국만이 가장 공정하게 처리해 줄 것이라고 믿는다.

영화 <나는 판진롄이 아니다>(我不是範金鏈, 2016년)에 나오는 주인공 리쉐롄도 '고향에는 멍청하고 덜떨어진 관료들만 있지만, 베이징에는 반드시 사리에 밝은 관료들이 있을 것'이라 믿으며 베이징으로 멀고도 험난한 상팡의 길을 떠났다. 베이징에 가면 자신의 고통을 알아주고 해결해 줄 공정하고 현명한 인민의 관료들이 적어도 한 명 정도는 반드시 있을 것이라고 믿으면서 말이다.

판빙빙이 연기한 리쉐롄은 가족계획 정책상 허용되지 않는 둘째를 임신하자 남편과 상의해서 가짜 이혼을 한다. 가짜로 이혼하면 남편 직장에서 분배해 주는 아파트도 얻을 수 있고 아이도 낳을 수 있기 때문이다. 그런데 남편은 아내를 배신하고 다른 여자와 결혼해 그 아파트에서 행복하게 살아간다. 리쉐롄은 고향 마을 법원 판사와 법원장을 찾아가고 현장과 시장을 찾아가서 억울한 사연을 호소하지만 누구도 그의 고통을 알아주거나 해결해 주지 않는다.

이에 절망한 리쉐롄은 최후의 방법으로 베이징으로 상팡의 길을 떠나지만, 오히려 그곳에서 구금되는 등 더 깊은 좌절을 겪을 뿐이다. 그곳의 높은 관료들은 고향 마을의 '멍청하고 덜떨어진 관료들'보다 더 교묘하고 세련되게 악랄했다. 매년 3월에 열리는 양회(전국정치협상대표대회와 전국인민대표대회)가 가까워 오면 고향 마을 정부는 그녀가 베이징으로 가지 못하도록 전문 감시 인력을 배치하고 현장과 법원장, 공안국장 등이 총동원되어 그녀의 상팡을 저지한다. 그렇게 리쉐렌은 10년 동안 한 해도 거르지 않고 베이징으로 상팡을 떠나지만 결국 깨닫는 것은 법과 상팡 제도의 공정성이 아니라 '관모를 잃을까 두려워서' 모든 방법을 동원해 그녀의 상팡을 가로막는 관료들의 무자비하고 폭력적인 태도다. 그녀는 결국 모든 것에 철저하게 절망해 길거리에 주저앉아 통곡한다.

○ ○ ○

투기꾼들에게 헐값에 팔린 집문서를 어렵사리 되찾아와서 아파트 입주권을 손에 넣지만, 난장이 아버지는 굴뚝에서 떨어져 죽고, 가족들도 어디로 갔는지 알 수 없는 『난쏘공』의 난장이 딸 영희도 결국엔 주저앉아 통곡한다. 그리고 꿈속에서 만난 큰오빠에게 이렇게 외친다.

"아버지를 난장이라고 부르는 악당은 죽여 버려."

2014년 5월 1일 이후 중국 정부는 새로운 신방 정책을 발표했다. 새 정책에 따르면, 상팡자들은 원칙적으로 모든 문제를 자신이 속한 지방 정부의 관련 부서에 상팡을 하고 해결해야 한다는 것이다. 고로 앞으로는 지방에서 올라와 베이징에 상소문을 내봐야 소용없고 받아 주지도 않는다고 발표했다. 베이징 행복로에 살던 수많은 난장이는 지금 어디로 사라졌을까. 그들은 아직도 지옥에 살면서 천국을 생각하고 있을까.

도시의 꿈이 모여
밤에만 출몰하는 귀신 시장

2001년에 처음 베이징으로 이주했을 때 내가 살던 동네 주변은 노점상 천국이었다. 크고 작은 재래시장은 물론이고, 한창 새 아파트들이 건설되고 있던 때라 함바집과, 농민공들이 필요로 하는 일상 용품을 파는 노점이 곳곳에 즐비했다. 동네에서 번듯한 슈퍼마켓을 운영하는 사장도 노점상 출신이었다. 지금은 재래시장은커녕 집 바로 밑에 있는 슈퍼마켓도 가기 싫어서 스마트폰 속 전자 마트에서 손가락만 움직여 주문하고 배송 받는 게 자연스러운 일상이 되었으며, 재래시장도 모두 철거되어 사라진 지 오래다. 2000년대 이후 출생한 아이들은 아예 재래시장에 대한 기억이 없다. 중국 경제가 발전하고 사람들의 삶의 방식이 현대화되면서 노점상은 박물관 속 '구시대 역사' 전시회에서나 볼 법한 풍경이 되었다.

중국 독립 다큐 영화 <도시의 꿈> (城市的夢, 2020년)

은 노점상 일가족 이야기다. 왕톈청은 우한에서 가장 유명한 '노점왕'이다. 일흔이 넘은 그는 뇌중풍 환자이고, 아내는 살날이 몇 달 남지 않은 말기암 환자, 외동아들은 사고로 오른팔을 잃은 장애인이다. 그들 일가족은 허난성의 가난한 농촌 마을 출신 농민들이다. 고향에서는 먹고살 길이 막막해서 '생존을 위해' 중국 중부 지역 최대 도시인 우한으로 왔다. 대도시에서는 노점상을 해서라도 입에 풀칠이나마 할 수 있기 때문이다.

아기였을 때 아빠 품에 안겨 우한으로 온 손녀딸 핑핑은 그새 자라 중학교 2학년이 되었고, 공부도 아주 잘한다.

"손녀는 우리 가족의 유일한 희망입니다. 그 아이는 반드시 이 도시에서 결혼하고 뿌리를 내려 도시인이 되어야 해요."

왕 노인과 핑핑 부모의 간절한 소망은 자신들의 유일한 혈육인 핑핑이 농민 신분이 아니라 도시민 신분이 되는 것이다. 이것은 그들이 도시 극빈층으로, 노점상을 하며 품고 있는 '도시의 꿈'이다.

그러나 그들은 '도시의 꿈'을 위해 매일 악몽 같은 전쟁을 치러야 한다. 왕 노인 가족은 매일 거리에서 청관(城管)들과 격렬한 전투를 하며, 말 그대로 '목숨을 걸고' 노점을 사수한다. 왕 노인은 그들과의 전투에서 물불을 가리지 않는다. 우한 청관들이 가장 두려워하는 대상도 바로 왕 노인이다.

그는 한 번도 청관들에게 굽실거리거나 순종하는 법 없이, 막무가내 정신으로 '폭력적인 항거'를 시전한다. 또한 번화한 길거리 한복판에 사람들이 에워싸고 구경하는 것을 '무기 삼아' 청관들에게 벼락을 내린다.

"탐관오리들은 단속 안 하면서 길거리에서 먹고살려고 애쓰는 우리는 왜 몰아내려고 하는 거야! 저기 앞에 짓고 있는 고층건물을 봐. 불법을 얼마나 많이 저지르고 있는지 알아? 근데 왜 가난한 우리만 거리를 불법 점유했다고 쫓아내려는 거야!"

왕 노인이 작심하고 '발악적인 항거'를 시작하면 청관들도 속수무책이다. 2006년 선전에서는 노점상을 폭력적으로 단속하다가 분노한 노점상의 칼에 청관 한 명이 찔려 사망한 사건이 있었다. 2009년 선양에서도 비슷한 일이 발생했다. 그 후 청관들의 폭력적인 노점 단속 방식이 사회문제가 됐고, 각 지방정부는 청관들에게 '절대 사람들이 모인 장소에서 폭력적인 단속을 피하라'는 지침을 내렸다. 베이징에서는 청관들에게 "상대방(노점상) 얼굴에 피가 보이게 해서는 안 되고, 몸에 상처를 내서도 안 되고, 주변에 사람들이 몰려들게 해서도 안 된다."라는 새로운 '노점상 단속 지침 방안'을 내렸다.

2004년 이후 중국 공산당과 정부는 '조화로운 사회 건설'을 내세우며 '민주와 법치에 따른 통치' '인민 내부의 모순과 사회 모순을 공평과 정의의 잣대에 따라 처리'하는 방침을 사회 통치 이념의 핵심 가치로 내세우고 있다. 정부는 비폭력적이고 합법적인 방식으로 단속하라는 지침을 내렸다. 더군다나 스마트폰과 사회관계망서비스가 보편화되면서 예전과 달리 수많은 '거리의 눈'이 청관들의 폭력적인 단속을 감시하고 있기에 최대한 잡음과 충돌을 피해야 한다.

어느 날 왕 노인은 또 찾아온 젊은 청관의 멱살을 붙잡고 뺨까지 툭툭 쳐가며 모욕적인 언행으로 항거를 시작했다. 웃통을 벗어젖힌 왕 노인이 "그렇게도 할 일이 없어? 왜 가난한 사람들만 쫓아다니면서 괴롭히는 거야!"라고 호통을 치자, 미동도 하지 않은 채 입술을 앙다물고 왕 노인의 온갖 모욕적인 언사와 폭력을 참아 내던 젊은 청관이 입을 떼고 한마디 한다.

"그래도 도시는 발전해야 합니다. 도시는 발전해야

한다고요."

왕 노인 일가가 14년째 '불법 점거'를 하며 노점상을 운영하던 거리는 우한시 도시 발전 계획에 따라 조만간 '보석 상점 거리'로 탈바꿈할 예정이었다. 그러려면 먼저 노점상들을 밀어내야 한다. 왕 노인 일가를 제외하고 다른 노점상들은 하루가 멀다 하고 찾아와 '위법 활동에 따른 법적 제제'를 운운하며 '합법적인' 협박을 일삼는 청관들에게 일찌감치 백기 투항했다. 하지만 왕 노인은 쉽게 물러서거나 투항하지 않는다.

청관들이 왕 노인을 쉽게 제압하지 못하는 이유는 그들 가족이 중국 사회의 가장 밑바닥 계층인 가난한 농민인데다 장애인이기 때문이다. 자칫하면 사회 모순의 뇌관을 건드릴 수 있으므로 도시 관리 당국 입장에서도 곤혹스럽다. 당국은 청관 몇 명을 노점상으로 위장 잠입시켜 왕 노인 가족이 하루에 노점상으로 버는 평균 수입이 얼마인지를 조사한다. 이를 바탕으로 도시 관리 당국은 왕 노인 일가가 노점상 수입만으로도 막대한 불법 치부를 하고 있다는 결론을 내린다. 그 조사 결과를 가지고 법원에 고소하겠다며, "억울한 게 있으면 법원에 가서 호소하라"고 왕 노인 일가에게 철거를 통보한다. 그러자 왕 노인은 대노해

온 거리가 떠나갈 듯이 소리를 지른다.

"너희 눈에는 우리가 노점상을 해서 치부하는 것으로 보여? 이렇게 사는 게 치부하는 거야? 나는 언제든 죽을 수 있어! 장강에 빠져 죽든 할복자살을 하든! 이 노인네가 원하는 것은 그저 먹고사는 거라고!"

○ ○ ○

2020년 5월 28일, 리커창 중국 총리는 기자회견 석상에서 '노점 경제'를 언급했다. 1월 이후 중국에 코로나19가 발생하면서 수많은 자영업자와 소상공인이 벼랑 끝으로 내몰리고 경제 발전에 빨간불이 켜지는 상황에서, "서부 도시 청두에서는 코로나로 서민 경제가 나빠지자, 당국이 나서서 이동 노점상 약 3만6000개를 마련해 줬다. 그 결과 하룻밤 사이에 10만 명에 달하는 취업 효과가 나타났다."고 소개했다. 그 뒤 6월 1일, 산둥성 옌타이시를 방문한 자리에서 리커창 총리는 "노점 경제는 직업 창출의 중요한 근원이며 사람 사는 세상의 (경제적) 연기와 같은 것으로, 중국 경제에 생기를 불어넣는 역할을 한다."며 노점경제 장려 정책을 공개적으로 언급했다. 리커창 총리의 발언이 언론에 보도되면서 중국 전역에서 노점 경제가 들불처럼 번졌다.

베이징에서도 리커창 총리의 발언이 나오자마자 길거리에 다시 노점상이 등장하기 시작했다. 코로나로 줄어든 수입을 충당하기 위해 저녁 퇴근 시간 후에 자가용 트렁크에 과일이나 잡화류 등을 싣고 거리에서 노점상 알바를 하는 시민과 회사원도 많았다. 취업을 하지 못한 청년들도 거리에 나와 꽃과 장난감, 의류 등을 팔았다. 하지만 리커창 총리의 노점 경제 발언이 나오고 일주일이 채 지나지 않아 베이징시 당국은 공개 반대를 표명했다.

6월 7일 『베이징일보』는 "노점 경제는 베이징에 적합하지 않다"는 제목의 기사를 통해 "베이징은 중국을 상징하는 수도이자 얼굴이기 때문에 환경과 위생, 교통 문제 등 여러 문제를 고려할 때 노점 경제는 적합하지 않다."고 발표했다. 뒤이어 중국중앙텔레비전(CCTV)도 비슷한 내용을 보도했다. 경제특구인 선전시에서도 6월 8일자 『선전특구보』 기사를 통해 "현대화된 국제 대도시인 선전시의 도시 미관 및 발전 계획과 노점 경제는 부합하지 않는다."고 입장을 밝혔다. 리 총리의 체면이 구겨진 것은 물론이고, 다시 한 번 '먹고살기 위해' 거리로 나왔던 수많은 노점상이 연기를 피워 보기도 전에 쫓겨났다. 특히 베이징 시 당국은 전국에서 가장 강경하게 노점 경제를 저지했다. 다시 밀려난 노점상들은 낮에는 숨어 있다가 청관이 퇴근하는 밤을 노려 기습적으로 노점을 여는 '귀신 작전'을 펼치고 있다.

베이징에는 정확히 언제부터 생겼는지 알 수 없는 '귀신 시장'이 있다. 변두리에 있는, '다류슈(大柳樹) 귀신 시장'이라는 곳이다. 이곳은 매주 화요일 밤 9시쯤 본격적으로 개장해 다음날 동트기 전에 문을 닫는다. 일주일에 딱 하루, 야간에만 열리는 노점 시장이다. 각종 중고 생활 물품과 가짜 골동품, 잡화 등 없는 것 빼고 다 판다. 야간에만 문을 연다고 해서 귀신 시장으로 불린다.

문을 여는 화요일이 되면, 베이징 곳곳에서 몰려든 노점상들이 목 좋은 위치를 선점하기 위해 오후 2~3시부터 자리를 맡기 시작한다. 밤 9시 무렵이면 시장 안은 발 디딜 틈 없는 인파로 북적대고, 주변의 임시 노점 식당들도 '귀신 손님'의 끊임없는 발길로 '하룻밤 치부'를 한다.

이 귀신 시장은 노점상을 거의 허용하지 않는 베이징 시에서 거의 유일하게 일주일에 한 번 눈감아 주는 허용된 노점 시장이다. 이 시장이 유명해지고 나름 베이징의 명물

시장으로 입소문이 나면서 주변 경제에도 긍정적인 효과를 미치기 때문에 '도시 미관과 발전을 저해하는' 요소가 있어도 묵인해 주고 있다. 물론 이곳도 왕 노인의 노점상 거리처럼, 언제 갑자기 보석 상가 거리 같은 새로운 발전 계획이 세워질지는 알 수 없다. '도시는 계속 발전해야 하기 때문에' 이 귀신 시장도 언제든 사라질 수 있는 운명이다.

○ ○ ○

왕 노인은 결국 도시 관리 당국과 청관들에게 백기를 들었다. "너희가 이겼다. 투항하겠다."고 선언하며, 청관이 소개한 '덜 번화한' 거리에 있는 임시 노점으로 자리를 옮겼다. 물론 '한시적'이라는 단서가 붙었다. 이런 임시 자리라도 얻어 내기 위해 왕 노인 일가는 허난성 고향 마을에 내려가 관계 당국으로부터 극빈 계층 증명서를 발급받아야 했다. 그리고 도시관리국에 긴 사과문을 제출했다.

"이 도시에 불편을 끼치고 발전에 장애가 되는 성가신 일을 일으켜서 죄송합니다. … 앞으로 우리 가족은 '중국 몽'을 실현하기 위해 열심히 노력하겠습니다."

몇 달 뒤 말기 암 환자인, 왕 노인의 아내가 사망했다.

결사 항전으로 노점을 사수했던 '노점왕' 왕 노인은 청관에게 허리 굽혀 감사 인사를 하는 순종적인 노점상이 되었다. 그는 마침내 인정했다.

"도시는 발전해야 하고 말고요. 모든 사람이 노점상을 한다고 길거리로 몰려나오면 도시가 어떻게 되겠습니까?"

어떤 사람들에게 거리는 생존의 장소다. 생존을 위한 모든 장소에는 권력관계가 작용한다. 팔레스타인인들이 이스라엘을 상대로 벌이는 영토 전쟁과 마찬가지로, 왕 노인이 청관들을 향해 펼친 전투도 생존을 위한 영토 확보 전쟁이다. 그들 사이에 벌어지는 전투의 결말은 물론 '권력을 가진 쪽'의 승리로 끝난다. 그리고 패배한 자들은 왕 노인처럼 투항해서 순종하거나, 팔레스타인 무장 단체 하마스가 되거나, 또 아니면 밤에만 출몰하는 귀신 시장으로 간다.

왕 노인의 장애인 아들은 자신들이 못다 이룬 '도시의 꿈'을 이뤄 줄 딸과 국수를 먹으며 그래도 행복하다고 말한다.

"내게 행복이란 가족과 함께 밥을 먹을 수 있는 거예요. 함께 먹을 수 있는 밥 한 그릇만 있으면 그것으로 족합니다."

세상에는 한 가지 병만 있다.
바로 가난이라는 병이다.

첫째 아이가 아팠다. 병원에 갈 일부터가 걱정이었다. 어릴 적부터 피부 알레르기가 심했던 아이는 여러 번 '죽을 고비'를 넘겼다. 온몸이 풍선처럼 부어오르고 호흡곤란을 일으켜 급성 쇼크사를 할 뻔한 일이 몇 차례 있었다. 그런 아이를 차에 태우고 한밤중에 온 베이징 시내 병원을 전전한 게 한두 번이 아니다. 당직 의사가 없다거나, 아이의 상태를 보더니 "다른 병원으로 가보라"는 등 갖가지 이유로 거절당했다. 급기야 어떤 병원에서는 열에 받친 내가 접수조차 거부하는 간호사를 붙들고 울부짖기까지 했다. 심지어 "이게 사회주의냐? 말해 봐! 이게 사회주의냐고!"라며 애꿎은 남편을 붙잡고 화풀이하기도 했다.

아이가 열두 살이었을 무렵, 몇 차례 알레르기 증상이 나타난 아이를 큰 병원에 데려가 전문의에게 진료를 받아보기로 했다. 중국에서 가장 좋은 아동 병원은 베이징에 있는 수도아동병원이다. 병원은 전국 각지에서 몰려드는 어린이 환자와 그 가족들로 항상 인산인해를 이룬다. 병원에 도착한 후 진료 접수 과정에서부터 치료까지는 '걸어서 별까지' 가는 과정이다.

첫째 아이의 치료를 위해 베이징 아동 병원으로 가기로 결정한 뒤, 남편은 먼저 사람을 찾아보겠다고 했다. 병원 내부 관계자나 의사와 잘 아는 사람을 찾아서, 그 모든 '귀찮은' 과정 없이 일사천리로 일을 진행하기 위해서다. 중국에서는 돈이 없으면 '관시'(인맥)라도 좋아야 그럭저럭 '사람 구실'을 하며 살 수 있다. 며칠 뒤, 남편은 사람을 찾았다며 병원에 가자고 했다. 모처럼 남편의 '능력'을 우러러 봤다.

병원에 도착하니 의사 가운을 입은 사람이 우리를 기다리고 있었다. 그는 아동 병원 내 의사였다. 그의 안내로 우리는, 보통은 아무리 빨라도 반나절 정도 걸리는 접수 과정을 생략하고 바로 의사와 대면 진료를 할 수 있었다. 진료실로 올라가기 전에 의사는 우리에게 병원 카드 한 장을 주면서, 카드에 먼저 '보증금'을 넣어야 한다고 했다. 모든 진료와 약 처방까지 받으려면 '넉넉하게' 넣어 두라고 했다. 중국 병원에서는 무조건 돈을 먼저 내야 모든 진료를 받을 수 있다. 중국에는 웬만해서는 후불제가 없다. 대부분이 선불제로, 일단 준 돈을 환불받으려면 속이 천 번은 뒤집어져야 한다.

베이징 아동 병원 풍경은 야전 병원을 방불케 한다. 전국 각지에서 몰려온 어린 환자와 가족으로 북새통을 이루는 것은 말할 것도 없고, 진료 접수증을 수속하기 위해 늘어선 줄이 병원 안팎으로 빼곡하게 들어차 있었다. 지방에서 올라온 사람들은 숙박비를 아끼기 위해 병원 근처 공원에서 텐트를 치고 생활하기도 한다. 대부분은 자기가 사는 지역 병원에서 "여기서는 더 이상 치료할 방법이나 의료 시설이 없다."는 말을 듣고 올라온 사람들이다. 베이징 병원에 가서도 치료를 못 받거나 병을 고치지 못하면 중국에서는 더 이상 갈 병원이 없다. 가망이 없는 것이다. 그래서 중병에 걸린 아이들에게 베이징 아동 병원은 마지막 '희망의 문'이다.

병원 입구에 한 여자가 아이를 안고 바닥에 주저앉아 있었다. 핸드폰으로 누군가에게 쌍욕을 하면서 불같이 화를 냈다. 남편과 통화하는 것 같았다.

"내가 좀 더 서두르자고 했잖아! 지금 줄이 너무 길어서 언제 접수증을 받을지 모르겠다고. 당신 때문에 애 다

죽게 생겼어!"

억양과 발음을 들어 보니 지방에서 올라온 듯 했고 그
다지 넉넉해 보이지 않는 행색이었다. 아이는 어디가 아픈
지 엄마 품에서 힘없이 축 늘어져 있다.

접수증 수속 창구는 설날 기차역 티켓 판매소처럼 기
약 없는 줄이 끝도 없이 이어져 있다. 지금은 인터넷 접수
와 당국의 단속이 심해서 많이 사라졌지만, 중국 대형 병
원에서는 접수증을 대신 받아 주는 '알바'를 하는 사람도
있고, 접수증을 미리 사서 응급 환자 가족들에게 고가로
파는 암표상도 판을 친다. 이들을 '황뉴'(黃牛, 브로커)라고
한다.

황뉴는 베이징, 상하이 등 대도시 중대형 병원 환자들
을 대상으로 은밀하게 움직인다. 이들은 응급 상황이나 중
병에 걸린 환자들에게 전문의 진료 접수증을 쉽게 받아 주
거나 의사와 직접 연결해 주는 서비스로 뒷돈을 챙긴다.
별다른 사회적 인맥이 없고 고급 사립 병원을 갈 형편이 안
되는 일반인은 다급할 때 황뉴의 '서비스'를 이용할 수밖
에 없다. 요즘은 스마트폰이 발달해 병원마다 같은 병을
앓는 환자와 가족들끼리 단체 대화방을 만들어서 황뉴 정
보를 교환하는 일도 많다. 그나마 이것도 어느 정도 돈이

있어야 가능하다. 돈도 배경도 없는 사람들은 오랫동안 줄을 서서 기다려 '인기 없는' 가장 낮은 등급 의사의 진료를 받아야 한다.

영화 <나는 약신이 아니다>(我不是藥神, 2018년)는 실화를 바탕으로 했다. 30대 중반 남성인 루용은 백혈병에 걸려 2년 동안 항암 치료 약값으로만 우리 돈으로 거의 1억 원에 가까운 돈을 썼다. 문제는 계속 그 약을 먹어야 하는데 더는 돈이 없다는 것. 그는 인도에서 똑같은 약을 모방해 생산한다는 얘기를 듣고, 직접 인도에 가서 '가짜약'(복제약)을 먹어 본 후 정품 약과 효능이 같다는 걸 알게 된다. 루용은 같은 병을 앓고 있는 주변 환우들에게도 적극 소개했고, 급기야 그들의 부탁을 받고 인도를 오가며 '대리 구매'를 하게 된다. 인도 약의 가격은 정품 약 가격의 20분의 1이고 효능은 같아서 수많은 가난한 환자들에게 한줄기 희망이 된다. 나중에 루용은 불법 구매 대행을 했다는 이유로 감옥에 가게 되고, 수많은 환자의 탄원으로 결국 기소가 취소되어 풀려난다.

<나는 약신이 아니다>는 중국 의료 시스템 문제와, 가난한 사람들의 인생을 파탄 내는 천문학적인 치료비와 약값 문제, 병원과 제약회사의 횡포를 간접적으로 보여 준

다. 영화에서 기억에 남는 한마디가 있다.

"세상에는 오직 한 가지 병만 있다. 바로 가난이라는 병이다."

'가난이라는 병' 때문에 아내와 쌍둥이 딸을 잃을 뻔했던 또 다른 남자 이야기는 더 슬프다. 몇 년 전 방영되어 관심을 받은 <생문>(生門)이라는 텔레비전 다큐멘터리에는 찢어지게 가난한 농민 정칭밍의 사연이 나온다. 그의 아내는 쌍둥이를 임신했지만 고향 마을 의사로부터 여러 가지 정황상 출산 시 과다 출혈과 조산의 위험이 있으니 큰 병원에 가보라는 얘기를 듣는다.

우여곡절 끝에 한 대도시의 종합병원에 갔지만 그곳 의사는 날벼락 같은 이야기를 한다. 아내의 상태가 언제든 위험해질 수 있기 때문에 반드시 입원 치료를 받아야 하고 최소 비용이 5만 위안(약 850만 원)이라며, "당장 돈을 준비하라"고 한다. 그는 망연자실해서 엉엉 운다. 의사는 무표정한 얼굴로 다시 한 번 강조한다. 살리고 싶으면 열흘 내로 돈을 마련해서 오라고. 결국 고향 마을에 사는 그의 형이 온 마을을 돌아다니며 구걸하다시피 해서 극적으로 돈을 빌리는 데 성공한다.

어찌어찌해서 아내는 조산이지만 무사히 쌍둥이 아이

들을 낳는다. 그런데 의사는 또 한 번 그에게 청천벽력 같은 말을 한다. 조산 치료비로 20만 위안(약 3400만 원)이 든다며 "당장 준비하라"고. 이번에도 그는 대성통곡을 한다. 지난번 빌린 돈도 갚을 길이 막막한데, 어디 가서 그런 큰 돈을 빌릴 수 있을 것이며 또 어떻게 갚을 수 있단 말인가. 그의 사정을 잘 아는 병원 측에서는 돈 없이 아이들을 어떻게 키울 생각이냐며, 차라리 입양을 보내라고 제안한다. 다음날 모든 치료비를 부담할 테니 아이를 달라는 사람들이 병원에 나타난다.

○ ○ ○

남편의 '능력' 덕분에 일사천리로 진료를 마치고 받은 최종 소견은 "자세한 원인을 알 수 없으니 면역력을 길러야 한다."는 것이었다. 의사는 약 처방전을 주면서 열심히 복용하라고만 했다. 약을 받으러 갔더니 약 종류만 10여 가지다. 이 약을 한꺼번에 다 먹어도 안 죽느냐고 했더니 담당 간호사는 예의 그 무표정한 얼굴로 상관없다고 한다. 아무래도 그 약을 다 먹으면 죽을 것 같아서 약은 사지 않고 그냥 나왔다. 예전에도 아이들이 감기에 걸려서 병원에 갔더니, 약만 여덟 가지 종류를 처방해 줘서 놀란 적이 있다.

중국 공립 병원은 정부의 재정 지원이 10퍼센트 정도에 불과하고 나머지 재정은 병원 의료 서비스로 충당해야 한다. 그래서 부족한 운영자금과 재정을 마련하기 위해 의료 수가를 높이는 과잉 진료와, 제약회사들과의 뒷거래로 약을 많이 팔아야 운영이 된다. 의사들 역시 특정 제품 약을 팔아 주는 대가로 제약회사에서 인센티브를 받는 관행이 음성적으로 이루어진다. 현실이 이렇다 보니 최근 몇 년 사이 중국 정부는 이런 의료계 부정부패를 일소하기 위해 대대적인 '전쟁'을 벌이고 있다.

누군가는 이렇게 물을지도 모르겠다. 중국에는 의료보험이 없냐고. 물론 있다. 국가 의료보험도 있고 돈 주고 사는 사보험도 있다. 단, 국가 의료보험 제도는 일반인에게는 있으나 마나 한 제도다. 그리고 의료보험에도 등급이 있다. 중요 공립 병원에는 고위 관료들 및 고위 공무원 전용 병실과 전담 의사가 있다. 그들은 아프면 별다른 절차 없이 바로 '특실'로 직행한다. 치료 비용도 거의 전액이 국가에서 공비로 지급된다. 이 때문에 일반 서민이 겪는 의료 고통을 알 턱이 없다.

중국 의료보험 제도는 1998년에 전면적으로 개혁되

었다. 마오쩌둥이 자랑하던 사회주의 무상 의료는 사라졌다. 골자는 시장화다. 도시 주민의 경우에는 그나마 10~20퍼센트 정도가 소속 회사와 국가에서 부담해 주지만, 농민들은 의료보험 자체가 없는 경우가 많다. 중병에 걸리면 의료보험은 무용지물이다. 농촌 의료보험은 2003년부터 시행됐지만, 강제가 아니라 원하는 사람에 한해 매년 정액을 납부해야 혜택을 받을 수 있다. 의료보장 혜택도 해당 지역에 국한된다. 대부분이 도시에 나와서 돈벌이를 하고 있는 농민들에게 의료보험 혜택은 '별나라 이야기'다. 이런 중국 의료 시스템은 '진료받기도 힘들고, 진료비도 비싸다'(看病難, 看病貴)라는 여섯 글자로 요약된다.

치료비가 없어서 조산한 쌍둥이 딸을 '팔 뻔했던' 정칭밍은 천만다행으로 아이들을 지켜 냈다. 결국 병원에서 치료를 포기하고 고향으로 데려가 운명에 맡기며 눈물과 사랑으로 키워 낸 결과 아이들은 건강하게 자라고 있다. 그런데 쌍둥이 딸들의 이름이 참 재미있다. 하나는 가을 추(秋)이고, 하나는 마음 심(心)이다. 둘을 합치면 근심 수(愁)다. 아버지 정칭밍의 설명에 따르면 '돈 걱정이 많다'는 뜻이란다.

'가난한 사회주의' 국가 중 하나인 쿠바는 전 국민 무상 의료로 유명하다. 가구마다 국가에서 지정한 가정 의사가 있다. 의사들은 국가가 무상교육을 통해 배출한다. 의사 교육생의 70퍼센트는 가난한 농민과, 여성, 소수민족으로 선발한다. 1986년 구소련의 체르노빌에서 원자력 발전소가 폭발했을 때, 쿠바는 미국도 거절했던 피폭 아동들을 데려와 무료로 치료해 주고 교육과 의식주 등을 무상으로 지원해 줬다. 쿠바의 무상 의료 제도는 '과연 무엇이 진정한 사회주의인가'를 생각해 보게 한다.

세계에서 가장 '부유한 사회주의' 국가인 중국은 오히려 자본주의보다 더 자본주의적인 의료 시스템을 운영하고 있다. 아직도 중국이 사회주의인지 자본주의인지 헷갈리는 사람들은 아파서 병원에 한번 가보면 바로 알 수 있다. 백문이 불여일견이다. 혹시라도 "중국은 사회주의가 맞습니다."라고 우기는 사람이 있다면 멱살을 잡고 말하고 싶다. "그것은 새빨간 거짓말입니다! 병원에 한번 가보시라니까요!"

나의
베이징 이야기

제3부

몰래 눈물 한 방울

다만 몇 사람이라도 일어난다면

그 쇠로 된 방을 부술 희망이

전혀 없다고는 할 수 없지 않겠는가?

_루쉰, 「자서」(自序)[35]

베이징 서민들의
유머와 해학의 추억

코로나19가 한창이던 어느 날, 연일 비도 오고 사는 게 별로 즐겁지 않아서 영화를 보러 갔다. '코시국'에 사는 게 즐거운 사람이 누가 있을까. 그래도 수단과 방법을 가리지 않고 즐거운 척 살기 위해 장대 같은 빗속을 뚫고 영화를 보러 갔다. 극장에 걸린 영화도 딱히 재미있는 게 없어서 '답정녀'처럼 볼 수밖에 없었던 영화가 뜻밖에도 횡재였다. 중국 6세대 감독을 대표하는, 세계적인 유명 영화감독 자장커가 만든 다큐멘터리영화 <먼 바다까지 헤엄쳐 가기>(一直游到海水變藍). 영화는 위화·량훙·자핑아오 등 당대 중국의 최고 작가들이 자신의 고향·가족·문학 등 살아온 이야기를 하며 중국의 한 시대를 회고하는 이야기다. 제목과 대충의 영화 소개를 보고는 잠만 자다 나오겠거니 했는데, 웬걸. 웃다가 울다가, 또 눈물 나도록 웃다가 마지막에는 묘하게 위로받는 느낌으로 극장을 나왔다.

스크린 속 위화는 시종일관 개구진 눈매를 하고 장난꾸러기 소년 같은 표정으로 이야기한다. 소설 『인생』의 한국어판 서문에서 그는 "이 소설에서 나는 사람이 고통을 감내하는 능력과 세상에 대한 낙관적인 태도에 대해 썼다."라고 밝혔는데,[36] 영화 속에서 들려준 그의 인생 역시 그러했다. 대학 입시에 두 번 낙방하고, 의사인 부모의 권유에 따라 한 작은 시골 마을 보건소 치과의사의 보조 의사가 된 그는 '세상에서 가장 볼만한 풍경이 없는' 사람 입속을 매일 들여다보는 일이 너무 싫고 짜증나던 차에, 어느 날 우연히 매일 출근할 필요도 없고, 주로 거리를 어슬렁거리면 되는 직장이 있다는 걸 알게 된다. 현 정부 산하 문화관이라는 곳이었다.

그곳에 취직하는 가장 쉬운 방법은 소설가로 등단하는 것이라는 얘기를 듣고, 곧바로 소설을 쓰기 시작해 크고 작은 모든 잡지사에 '투고질'을 했다. 몇 년간의 낙방 끝에 드디어 『베이징문학』 잡지사에서 결말 부문 수정을 전제로 등단 확정 연락을 받았다. 담당 편집자는 그에게 "사회주의는 원래 밝은 법인데 당신 소설은 자본주의처럼 결론이 어둡다."며 밝게 고치라고 주문했다. 위화는 두말 않고 하루 만에 소설의 결론을 '사회주의처럼 밝게' 고쳤다. 다른 작가들은 보통 한두 달이 걸리는 수정 작업을 단 하루 만에 끝내는 걸 보고 편집자가 아주 놀라워했다. 스크린 속 위화는 이 대목에서 개구지고 능청맞은 표정으로 이렇게 말한다.

"사회주의처럼 밝게 고치라며? 그게 뭐 힘든 일이라고?"

위화의 소설 『인생』에서 주인공 푸구이의 아버지가 망나니 아들에게 이런 말을 한다.

"사람은 즐겁게 살 수만 있으면 가난 따위는 두렵지 않은 법이란다."

위화는 문화관에서 일하면서, 매일 거리를 어슬렁거리며 즐겁게 살 수만 있다면 소설의 결말을 사회주의처럼 밝게 고치는 것 따윈 하나도 두렵지 않았다. 자본주의가 왜 어둡고 사회주의는 왜 반드시 밝아야 하는지는 몰라도, 결론은 '즐겁게 살 수만 있다면.' 이것은 '시진핑 신시대 중국 특색'이 아닌 '위화 특색의' 블랙 유머라고 느꼈다. 위화는 그 후 마침내, 매일 남의 이를 뽑던 '아주 힘든 가난뱅이 치과의사'에서 매일 거리를 돌아다니며 놀 수 있는 '행복하고 자유로운 가난뱅이'가 되었다.

○ ○ ○

    1949년 신중국 건국 전까지, 위화보다 더 힘든 가난뱅이 인력거꾼이었던 샹즈 같은 하층 서민들이 즐겁게 어슬렁거리며 놀 수 있었던 베이징의 '문화관'은 톈차오(天橋)였다. 라오서가 쓴, 1920년대 말 베이징(당시는 베이핑)의 밑바닥 계급의 대명사였던 인력거꾼의 이야기 『낙타 샹즈』에는 톈차오가 많이 등장한다. 톈차오는 가난뱅이 인력거꾼 샹즈에게 세상에서 가장 볼만한 풍경이 있는 재미있는 곳이었다.

> 각양각색의 노점과 기예를 파는 이들이 모두 일찍부터 자리를 잡았다. … 그는 아무것도 보고 싶지 않았다. 웃음을 잃어버린 지 오래다. … 평소 이곳은 만담가, 동물을 이용해 잡기를 하는 사람, 타령하는 사람, 무술하는 사람 등등이 모여 그에게 호탕한 웃음을 선사했었다. 그가 베이핑을 사랑하는 이유 중 절반은 톈차오 때문이었다. 매번 톈차오의 차양막, 겹겹이 둘러싼 사람들을 바라볼 때마다 그는 재미있고 사랑스러운 일들이 생각났다. … 아니, 이처럼 요란하고 재미난 곳을 어떻게 떠난단 말인가![37]

사는 낙이 없어서 웃음을 잃어버린 지 오래인 샹즈에게 톈차오는 매번 웃음과 재미를 선사하는 곳이다. 톈차오는 1957년 전까지 토박이 베이징인들에게 가장 추억이 많은 장소다. 베이징 천안문 광장과 자금성에서 멀지 않은 용딩먼(永定門)과 정양먼(正陽門) 사이에 있는 톈차오는 원래 '천자(황제)가 지나가는 다리'였다. 명나라 영락제 재위 기간(1420년)에 제사를 지내는 장소인 톈탄(天壇)과 첸먼(前門) 사이에 다리를 만든 후 유래한 이름이다. 그 다리는 황제만 드나들 수 있었고, 평상시 일반인의 접근은 금지되었다.

하지만 청조 시대 이후 내성에 살던 한족들이 첸먼 밖 외성으로 쫓겨났고, 그들이 주로 톈차오 부근에 둥지를 틀고 살면서 자연스럽게 그 일대에 온갖 시장이 들어섰다. 또 지리적으로 톈차오는 남쪽 사람들이 황제를 알현하러 가거나 첸먼이나 자금성으로 들어가야 할 때 반드시 거쳐야 하는 길목이기도 했다. 이 때문에 숙박 시설과 찻집 등이 들어서면서 이 일대는 베이징에서 가장 번화한 장소가 되었고 유동 인구가 많아지자 각종 잡기와 기예, 무술 공연 등을 하며 먹고사는 기인과 유랑 극단이 몰려들었다. 마치 옛날 우리나라에도 크고 작은 시골 장터마다 온갖 신기한 공연을 하는 '약장수'와 서커스단 등이 몰려들었던 것처럼, 톈차오 일대는 상설 노천극장이 되었다.

청나라 이후 서민들의 종합 놀이터 문화관 역할을 했던 톈차오의 황금시대는 소설 『낙타 샹즈』 속 주인공 샹즈가 인력거를 몰던 1920년대와 1930년대다. 지금도 설날 중국인들이 즐겨 보는 텔레비전 특집 쇼 <춘제 완후이> (春節晚會)에서 가장 인기 있는 코너인 샹성(만담극)이 발전한 것도 당시 톈차오 노천극장과 찻집 등에서 공연하던 샹성 배우들의 인기 덕분이다.

톈차오가 유명해지자 전국 각지에서 난다 긴다 하는 만담꾼들과 서커스 및 온갖 기예 전문가들이 몰려들면서 톈차오는 중국의 브로드웨이가 되었다. 원래는 가난한 밑바닥 서민들을 즐겁게 해주며 잠깐이나마 '가난 따위는 두렵지 않게' 해주던 장소였던 톈차오의 몰락은 아이러니하게도 인민들의 행복한 천국을 만들겠다고 공언했던 마오쩌둥의 신중국 건설 이후다.

"동지들, 삶은 좋아졌소. 인생은 훨씬 즐거워졌소. 삶이 즐거워질 때, 일은 잘 풀리는 법이오."[38]

1934년 자신의 모든 정치적 반대파들을 공격하고 제거하기 위한 대숙청을 준비하고 있을 때, 스탈린이 인민들에게 했던 말이다. 하지만 1930년대는 무리한 경제 발전 계획과 각종 공포정치로 인해 소련 인민들이 '가장 불행하고 비참한 인생을 살던' 시기다. 공개적인 장소에서 정치적 비판이나 항의를 할 수 없었던 사람들은 농담과 유머를 통해 우회적으로 스탈린 체제를 비난했다. 하지만 스탈린은 유머나 농담마저 '반국가적 범죄'로 간주해 굴라크 같은 강제수용소에 인민들을 감금시켰다. 마오쩌둥의 사회주의 신중국도 별반 다르지 않았다.

엔안 시절, 마오쩌둥의 정치적 파벌 숙청 작업과 비민주적 관행을 비판해 마오쩌둥에게 미운털이 박혔던, 작가이자 마르크스·레닌 선집 번역가 왕스웨이는 "스탈린의 인성은 귀엽지 않다"라는 등의 말을 해서 트로츠키주의자로 몰려 비참한 죽음을 맞았다.[39] 그의 죽음은 신중국 건국 후 마오쩌둥의 전혀 '귀엽지 않은 인성'을 예고하는 것이었다.

마오쩌둥의 신중국은 인민들에게서 소소한 삶의 즐거움을 몰수해 갔고, 그중 가장 대표적인 것이 중국인들 특유의 유머와 해학이 넘쳤던 톈차오의 오락 활동을 금지한 것이다. 매그넘 소속 프랑스 사진작가 마르크 리부가 1957년 1월, 약 5개월여의 일정으로 중국 여행을 왔을 때 찍은 사진들에는 톈차오에서 여전히 각종 잡기와 기예, 무술 공연을 하는 사람들과 그 주변에 모여들어 희희낙락하며 구경하는 '밝은 사회주의' 얼굴들이 담겨 있다. 하지만 그가 프랑스로 돌아간 지 얼마 안 되어 그해 6월부터 대대적인 반우파 투쟁이 시작되었고, 그 후 톈차오에서 매일 들리던 '호탕한 웃음'을 다시는 들을 수 없었다. 사실, 신중국이 건국된 직후부터 톈차오에서는 자유로운 공연들이 '자본주의의 해악'이라는 이유로 금지되고 규제됐다. 그러다가 1957년 반우파 투쟁을 계기로 전면 금지되면서 톈차오의 역사는 '사회주의의 어둠 속'으로 사라져 갔다. 유머와 농담, 오락이 금지된 사회에서 어떻게 '밝은 결론'이 나올 수 있겠는가.

○ ○ ○

톈차오의 명성은 지금까지도 다시 살아나지 못하고 있다. 개혁·개방이 되고 온갖 자본주의 문물이 물밀듯 들어오면서, 중국에는 새로운 매체와 인터넷 문화가 생겨났고 톈차오의 기억은 자연스럽게 잊혀 갔다. 이 화려한 미디어 엔터테인먼트 시대에 누가 약장수들의 약발 안 먹히

는 쇼를 보고, 알아듣기 힘든 방언으로 하는 만담극 같은
것을 들으며 박장대소하겠는가. 하지만 중국 정부는 최근
들어 다시 한 번 '귀엽지 않은 스탈린 같은 인성'을 드러내
고 있다. 각종 충격적인 규제 정책에 이어 방송과 영화, 각
종 온라인 미디어 등에 대한 강력한 단속 방침을 발표한 것
이다.

2021년 9월 2일, 중국 방송 규제 기구인 광전총국은
"문예 프로그램 및 관련 종사자들에 대한 진일보한 관리
강화 통지"를 통해 예인들의 저속한 언행과 '기생오라비'
같은 행색 등을 엄격하게 규제하고 팬덤 문화도 배척하며,
지나치게 상업적이고 오락적인 내용의 송출을 금지한다는
등의 규제안을 발표했다. 이 통지문에서 가장 '웃겼던' 대
목은 "정치적 입장이 정당하지 않거나, 당과 국가의 뜻과
일치하지 않는 사람은 (배우나 스태프로) 기용될 수 없다."
는 것과 "중화 민족의 우수한 전통문화와 혁명 문화, 사회
주의 선진 문화를 대대적으로 알리고 홍보한다."는 내용,
그리고 "팬덤 문화를 엄격히 배격하고 애당 애국의 기치와
덕을 숭상하고 …"라는 내용이다. 이것은 정말이지 '애국
자가 홍콩을 통치해야 한다'고 말한 시진핑 주석의 '홍콩
원칙'만큼이나 썰렁한 농담처럼 들린다. 나라를 사랑하지

않는 사람이 누가 있는가? 스탈린이 말했듯이 '삶이 즐거워질 때 일이 잘 풀리는 법'인데, 이제는 더 이상 즐거워할 일도 없고 애당 애국만 해야 한다니. 위화여, 도대체 당신이 하루 만에 수정했다는 '사회주의의 밝은 결말'은 무슨 내용이었는지 말해 달라. '즐겁게 살 수만 있다면' 그 수정된 '밝은 사회'에서 깔깔 웃으며 살고 싶다.

웃지 못하는 사람들

웃지 못하는 사내가 있었다. 그는 모든 면에서 더없이 훌륭했지만 기이하게도 웃지 못하는 사람이었다. 아무리 웃긴 일을 보거나 들어도 절대로 소리 내어 웃거나, 웃는 표정조차 짓지 못했다. 다른 사람들이 깔깔대며 온몸이 뒤집어지도록 웃어 대도 그는 무표정한 얼굴로 그저 "헤헤, 헤헤"라는 소리만 냈다. 그런 모습은 괴기스럽기까지 했다. 웃지 못하는 그 사내에게 비극이 닥친 것은 1966년 문화대혁명이 일어난 뒤다.

　문혁 이후 중국 정부는 '가장 깊숙이 숨은 반혁명분자'를 찾아내기 위해 모든 사람에게 평소 의심할 만한 사람이나 일에 대한 기억을 죄다 끄집어내 고발하게 했다. 이른바 '기억하고, 폭로하고, 조사하기' 활동이었다. 사람들은 수단과 방법을 가리지 않고 마치 '자기 침대 밑에서 폭탄이라도 파낼 기세로' 주변 사람들에 대한 모든 의심

정황을 '기억하고, 폭로하고, 조사하는' 활동에 매진했다.

그러던 어느 날 '웃지 못하는 사내'가 다니는 회사에 대자보 한 장이 붙었다. "그는 왜 한 번도 웃지 않을까"라는 제목의 대자보에는 그동안 그 사내가 웃는 모습을 한 번도 본 적이 없고, 그가 웃지 않는 건 틀림없이 '정치적 이유'가 있다는 내용이 있었다. 하지만 그는 출신 성분도 완벽했고 회사에서의 언행도 흠잡을 데 없던지라 좀처럼 반동분자라는 정치적 증거를 찾기 힘들었다. 집안을 압수 수색하고 그를 감금해 자백을 강요하는 등 온갖 수단을 다 동원해 봤지만 조사반원은 그가 절대로 웃지 않는 정치적 반동 증거를 찾는 데 실패했다.

한 조사반원이 기발한 방법을 생각해 냈다. 그는 '웃지 못하는 사내'에게 벽에 걸린 마오쩌둥 주석 사진을 가리키며 이렇게 물었다.

"마오 주석을 보면 웃어야 합니까, 울어야 합니까?"

사내는 "당연히 웃어야지요."라고 대답했다. 조사반원은 기다렸다는 듯이 "그럼 웃어 봐요. 당신 말이 진짜인지 거짓인지 보겠소!"라고 말했다. 사내는 마오 주석 사진을 보고 아무리 웃으려고 해봤지만 광대뼈와 살에 경련이 일고 표정도 고통스럽게 일그러졌다. 드디어 '반혁명 현행범 증거'를 찾아낸 조사반원이 사내에게 소리를 질렀다.

"당신은 위대한 지도자를 그렇게 대합니까? 웃는 거요, 우는 거요? 당신은 뼛속 깊이 사무치는 원한이 있는 게 틀림없소!"

그렇게 해서 '웃지 못하는 사내'와 그의 가족은 문혁 기간 내내 반혁명분자가 되어 모진 고난의 세월을 살아야 했다. 이 이야기는 실화다. 중국 유명 작가 펑지차이가 쓴 문혁 구술담『백 사람의 십 년』[40]에 나오는 이야기다.

그로부터 57년이 지나 또 한 남자가 웃음 때문에 고초를 당했다. 그는 21세기판 '반혁명분자 현행범'이 됐다. 남들을 웃기는 것이 직업인, 토크쇼 라이브 극장의 간판 배우로 '하우스'(House)라는 예명으로 활동한 리하오스는 2023년 5월 13일, 베이징의 한 라이브극장에서 열린 토크쇼 도중 유기견과 관련한 풍자 내용이 빌미가 되어 관련 당국에 입건돼 조사를 받았다. 하우스의 소속사도 문제의 토크쇼에 대한 책임을 물어 1335만 위안(약 25억 원)의 벌금을 부과받았다. 이로 인해 소속사는 사실상 폐업에 준하는 상태가 됐고 수많은 관계자와 기관이 줄줄이 문책당했다. 하우스의 토크쇼 파동으로 베이징과 상하이, 항저우 등 주요 도시의 라이브 토크쇼도 내부 상황 정리를 이유로 모두

잠정 중단됐다.

하우스는 2023년 5월 13일 베이징에서 열린 토크쇼에서 이런 말을 했다.

제가 유기견을 두 마리 기르고 있어요. 그 녀석들은 다람쥐를 잡으면서 놀아요. 작은 개들과 비교하면 그 녀석들이 훨씬 더 정확하게 잡더라고요. 가히 "작풍이 훌륭하면 전투에서 승리할 수 있다"(作風優良, 能打勝仗)고나 할까요!

그러자 라이브극장 곳곳에서 폭소가 터져 나왔다. 그때까지만 해도 하우스와 방청객은 그날의 토크쇼가 어마어마한 핵폭탄으로 되돌아올 줄 몰랐을 것이다.

"작풍이 훌륭하면 전투에서 승리할 수 있다."는 2013년 시진핑 국가주석이 당대회에서 강군 건설 목표로 제시한 핵심 구호다. 시 주석은 당시 연설에서 "당의 지휘를 따르고, 전쟁에서 싸워 이기며, 작풍이 훌륭한 군대를 건설해야 한다."고 강조했다. 그 뒤 중국 내 모든 인민해방군 부대에는 이 구호가 일제히 내걸렸다. 하우스는 한마디로 시진핑 주석의 '어록'을 토크쇼의 웃음 소재로 쓴 것이다.

토크쇼 다음날인 5월 14일, 웨이보에는 하우스의 전

날 토크쇼 내용을 저격하는 익명의 제보 글이 올라왔다. 하우스가 부적절한 비유로 '인민해방군을 모욕했다'는 내용이었다. 그러자 웨이보를 중심으로 각종 논쟁이 불붙었고, 15일 베이징시 당국이 조사에 착수했다. 16일, 중국 관방 매체인 <신화통신>과 『인민일보』 등에도 일제히 이를 비판하는 긴급 사설이 실렸다. 그리고 17일, 관련 당국은 하우스에 대한 기소와 함께 소속사에 무기한 공연 중단과 거액의 행정처분 벌금형을 선고한다고 발표했다.

베이징시 당국은 이 사건과 관련한 조사 결과를 통보하면서 동시에 여러 예술가와 작가들에게 이렇게 촉구했다.

"창작 사상을 바로잡고 도덕적 수양을 강화해서 인민에게 영양가 있는 정신적 양식을 제공해야 한다."

5월 13일 토크쇼가 있던 날부터 불과 사나흘 사이에 모든 조사와 행정처분, 입건이 완료됐고 전 관방 매체가 총동원돼 여론 사격전도 완료됐다.

처음에는 멋도 모르고 깔깔대고 웃던 사람들과, 당국의 조사 방침에 황당해하며 "이게 무슨 조사할 일이냐. 웃자고 한 말에 죽자고 덤비는 꼴"이라고 비판하던 사람들도 지금은 더 이상 웃지 않는다. 인터넷에서 하우스를 옹호하며 당국을 격하게 비판한 누리꾼 한 명도 구류처분을 받았기 때문이다. 사람들은 이것이 더는 '웃기는 일'이 아님을 깨달았다. 하우스를 옹호하는 건 곧 인민해방군을 모욕하는 일이자 시진핑 주석의 '어록'을 모독하는 행위이기 때문이다.

하우스 사건이 있기 2년 전에는 '모래조각중대 사건'이 있었다. 2021년 10월 6일, 중국의 유명 언론인이자 작가인 뤄창핑은 자신의 웨이보에 이런 글을 남겼다.

"[한국전쟁 뒤] 반세기가 지난 지금, 당시 모래조각중대(沙雕連)가 최고 수뇌부의 '현명한 결정'을 의심하지 않았던 것처럼, 우리나라에서는 이 전쟁이 갖는 정의성에 의문을 제기하는 사람이 거의 없다."

그가 지칭한 '모래조각중대'는 당시 중국에서 연일 기록적인 관객 수를 경신하던 영화 〈장진호〉에 등장하는 중국 군인들을 풍자하는 말이다.

장진호는 1950년 11월 한국전쟁 때 미군과 중국군이 최대 혈전을 벌인 곳으로, 지금의 함경남도 장진군에 있는 인공 호수다. 영화에서는 당시 영하 30도에 달하는 혹한 속에서 밤새 자리를 지키며 전투를 치르던 중국군 병사들이 총을 든 자세 그대로 얼음 조각처럼 얼어붙은 장면이 나온다. 중국인들은 그들을 '얼음조각중대'(氷雕連)라고 부르며 중국 군인의 영웅 이미지를 투사하고 있다. 다시 말해 얼음조각중대는 한국전쟁에서 세계 최강 미군과 맞서 용감하게 '정의의 전쟁'을 수행하던 중국 인민해방군의 상징인 것이다. 그런데 뤄창핑은 자신의 웨이보에 그걸 '모래조각중대'로 바꿔 부르며 한국전쟁 참전을 정의라고 부르는 것을 교묘하게 비판했다. '모래조각'의 중국어 발음 '사댜오'가 '바보, 머저리, 멍텅구리'를 이르는 중국어와 동음이의어이기 때문이다.

뤄창핑은 이 '설화'로 다음해 곧바로 당국에 구금돼 징역 10개월형을 선고받고 2022년 말에 풀려났다. 죄명은 2018년부터 시행된 '영웅열사보호법' 위반이다. 누구든지 중국의 영웅과 열사의 명예를 훼손하고 비방하는 사람은 이 법에 따라 처벌받을 수 있다. 한국의 국가보안법처럼 '코에 걸면 코걸이, 귀에 걸면 귀걸이'가 될 수도 있는 '만병통치법'이다. 한편 2023년 4월 10일 중국의 유명 인권 변호사인 딩자시와 쉬즈융은 체제 전복 혐의로 각각 징역 12년형과 14년형을 선고받았다. 딩자시와 쉬즈융은 오랫동안 중국에서 농민·노동자와 사회적 약자의 인권·복지 향상을 위해 일한 대표적인 인권 운동가였다.

토크쇼 배우 하우스 사태를 계기로 중국 인터넷과 소

셜 미디어 등에서는 마치 문혁 때처럼 수상한 언행이나 행동을 하는 사람들을 '기억하고, 폭로하고, 조사하는' 식의 '제보와 투서'가 유행하고 있다. 한 예로 세계적 화가 반열에 오른 웨민쥔과 팡리쥔의 그림을 두고 '중국 인민과 인민해방군, 주요 지도자들의 초상을 모독하고 일부러 추악하게 묘사했다. 이들은 문화 매국노와 다를 바 없다'는 내용의 긴 글이 계속 인터넷 사이트에 '제보'로 올라오고 있다.

○ ○ ○

1959년 말 베이징시 부시장인 우한은 희곡 『해서파관』을 발표했다. 희곡은 명나라 때 청렴한 관리 해서가 황제에게 파면당하는 과정을 그렸다. 1965년 상하이에서 발행하는 관방 매체 『문회보』에 야오원위안이 『해서파관』에 대한 논평을 실었다. 그는 이 글에서 해서는 (마오 주석에게 숙청된) 펑더화이이고 황제는 마오 주석을 비유한다고 했다. 즉, 『해서파관』은 마오 주석을 비판하는 희곡이라고 주장했다. 마오 주석의 부인 장칭이 야오원위안의 주장을 옹호한 것이 문화대혁명의 전조였다.

다음해인 1966년 5월 16일, 제8차 11기 중앙위원회 전체회의에서 "무산계급 문화혁명의 깃발을 치켜들고, 반당·반사회주의적인 '학술 권위'의 부르주아적 입장을 철저히 폭로 및 비판하고 … 당과 정부, 군대 및 문화 영역 등 각계에 스며들어 있는 이 부르주아 대표 인물들을 비판하고 솎아 내야 한다."는 일명 '5·16 통지'가 발표됐다. 중국 사회를 10년 동안 아수라장으로 만든 문화대혁명의 시작이었다.

문혁 시대 현행범이 됐던 '웃지 못하는 사내'는 문혁이 끝난 뒤 어느 날 만담을 보다가 웃음이 터져 나와 밤새 이불을 뒤집어쓰고 미친 듯이 웃었다고 한다. 하지만 문혁 이후 반세기가 지난 지금, 21세기를 사는 중국인들은 다시 '웃지 못하는' 사람들이 되고 말았다.

사라진 호수 타이핑후와
홍위병의 기억

2003년 1월 17일로 기억한다. 장 따예(할아버지)는 베이징의 낡고 오래된 후통(골목) 길가에 혼자 우두커니 앉아 있었다. 긴 백발 머리와, 머리만큼이나 길고 하얀 수염을 늘어뜨린 그의 표정은 한없이 쓸쓸하고 무료해 보였다. 옆으로 다가가 반가운 웃음을 건네자 장 따예의 표정이 금세 환해졌다. 그러고는 다 빠져서 이가 하나도 없는 잇몸을 드러내며 어린아이처럼 해맑은 미소를 지어 보였다. 장 따예와의 첫 만남은 그렇게 시작됐다.

그의 첫인상이 예사롭지 않다고 느낀 건, 칠순을 넘긴 꼬부랑 할아버지가 양쪽 귀에 커다란 링 귀고리를 하고 있었기 때문이다. 귀고리에 얽힌 사연을 듣다 보니 그의 남다른 과거도 자연스레 알게 되었다.

장 따예는 문혁이 막 끝나 갈 무렵인 1976년 반혁명죄로 붙잡혀 1993년 출옥할 때까지 무려 17년을 감옥에서 보냈다. 무시무시한 반혁명죄는 사소한 말 한마디에서 비롯됐다. 당시 베이징 교외의 한 초등학교 교사였던 그는 어느 날 동료들과 잡담을 나누다 "마오쩌둥이 류샤오치를 박해·타도한 일은 잘못이며, 문화대혁명도 뭔가 잘못된 방향으로 흘러가고 있다."고 말했다. 며칠 뒤, 자신이 근무하던 학교에 장 따예를 '인민의 적'으로 고발하는 비판 대자보가 붙었다. 같이 잡담을 나누던 동료가 밀고한 것이다.

장 따예는 문혁 이전인 1957년 반우파 투쟁 당시에도 우파 분자로 몰려 7년 동안 농촌으로 보내져 '노동 개조' 교육을 받았다. 평소에도 바른말하는 성격 때문에 종종 화를 입었지만, 반혁명 분자로 몰리면서 그의 인생은 송두리째 뒤흔들렸다. 그는 감옥에 있는 동안 부인과도 이혼했다.

17년 동안 감옥에 갇혀 지내면서 장 따예를 가장 힘들게 한 것은 '인간성에 대한 절망'이었다. 동료의 밀고로 반혁명 분자가 된 것도 그렇지만, 감옥 안에서 그를 괴롭히는 무수한 '잡배'들을 대하면서 그는 인간에 대해 절망과 분노를 느꼈다고 토로했다.

영원히 감옥 안에서 멈춘 줄 알았던 시간은 그래도 흐르긴 흘러서 드디어 출옥을 했고, 장 따예는 예전에 살던 후통으로 돌아왔다. 1976년 이후 바깥세상에 처음 나온 그는 1993년 당시 베이징 거리와 사람들의 변화된 모습을 보고 한동안 넋이 나갔다고 한다. 그 뒤 얼마 동안은 심한 우울증을 겪었다. 자신은 여전히 1976년에 머물러 있는데 세상은 그동안 천지개벽을 했으니 그 심정을 헤아리기 어려웠다.

그 뒤 장 따예가 먹고살기 위해 시작한 일은 뜻밖에도 미술대학 누드모델이었다. 그 나이에 감옥에서 나와 앞으로 뭘 할 수 있을까를 고민하던 어느 날, 무심코 거울 속에 비친 자신의 모습을 보다가 모델을 하면 좋을 것 같다는 생각이 번쩍 들었다고 한다. 장 따예는 직접 자신이 쓴 추천서를 들고 각 대학교를 찾아다니며 모델 '구직 활동'을 했고, 다행히 몇 군데에서 연락이 오면서 지금까지 꾸준히 모델 일을 해오고 있다.

처음 만났을 당시 그가 걸고 있던 링 귀고리에 관한 사연은 이렇다. 2001년 어느 날 혼자 이런저런 생각을 하다가 문득 귀고리를 해보고 싶다는 엉뚱한 생각이 들었다고 한다.

'남자라고 귀고리 하지 말란 법이 있나.'

커다란 링 귀고리를 하면 더 예술적으로 보일 것 같다는 생각도 들었단다. 앞으로 살날도 얼마 안 남았고, 문혁 때와는 세상이 달라졌으니 죽기 전에 하고 싶은 일은 다 해보고 싶었을 것이다.

그는 사람과 사람 사이에 가장 중요한 것은 평등한 관계와 서로를 억압하지 않는 자유로운 사고이며, 인생에서 가장 중요한 것은 '희망을 잃지 않는 것'이라고 말했다. 17년간 반혁명 분자로 감옥에 있으면서 자신이 자살하지 않고 견딜 수 있었던 것도 이렇게 언젠가는 귀고리도 할 수 있는 날이 오리라는 희망 때문이었을 거라고도 했다. 헤어질 무렵 그는 주소와 연락처가 적힌 쪽지를 주면서 그 뒷면에 "인생에 대해 논하고 싶으면 언제든지 환영"이라고 썼다.

중국에는 수많은 장 따예들이 있다. 그들이 거쳐 온 삶의 행로는 과거 중국의 '정치 시대'를 반영하는 자화상이다. 1957년 반우파 투쟁을 기점으로 1976년 문혁이 끝날 때까지 중국에서는 '인간의 얼굴을 한 정치'가 실종됐다. 수많은 사람들이 '혁명'이라는 이름 아래 상상도 할 수 없을 만큼 끔찍하고 비인간적인 삶을 감내해야 했다. 가장 '혁명적인 것'은 가장 '인간적인 것'이다. 40년 전 중국에서 벌어진 문혁은 가장 비인간적인 혁명이었다.

○ ○ ○

　3월 초지만 여전히 매서운 겨울 칼바람이 불던 날이었다. 베이징대학에서 그리 멀지 않은 곳에 있는, 오래되고 낡은 아파트의 작은 거실에서 만난 녜위안쯔는 이미 머리가 파뿌리처럼 하얀 85세의 할머니였다. 하지만 기억력만큼은 여전히 이팔청춘이어서, 40년 전 일을 바로 어제 일처럼 술술 풀어 놓았다. 내가 녜위안쯔를 만났던 때는 2006년으로, 중국에서 문화대혁명이 일어난 지 정확히 40주년 되는 해였다.

　나는 그저 마오 주석과 장칭[마오쩌둥의 부인으로 '문혁 사인방'의 일원], 캉성[문혁 때 중앙문혁소조 고문과 선전조직 조장 역임] 동무의 지시를 따랐을 뿐이고, 내가 한 일은 마오 주석의 혁명 사업이었다. 나는 결코 개인적인 원한을 해소하거나 출세하기 위해 다른 사람을 해친 적이 없다. 모든 것은 그저 혁명을 위해 어쩔 수 없이….

　거듭 '혁명'을 강조하며 억울하다고 항변했던 녜위안쯔는, 1966년 5월 25일 베이징대학에 전국 최초로 문혁 관련 대자보를 붙인 인물이다. 당시 베이징대학 철학과 당지부 서기를 맡고 있던 녜위안쯔는 다른 교직원 5명과 함께 '부르주아 세력이 베이징대학을 장악했다'며 관련 인물 3명의 실명을 밝혀 비판하는 대자보를 붙였다. 이 대자보는 마오쩌둥으로부터 '전국 최초의 마르크스-레닌주의 대자보'라는 칭찬을 받으며, 며칠 뒤인 6월 1일 전국에 신문과 잡지, 텔레비전과 라디오로 전파되었다.

녜위안쯔가 주동한 베이징대학 문혁 대자보는 바로 마오쩌둥이 기획한 '무산계급 문화대혁명'의 본격적인 시작을 알리는 총성이었다. 녜위안쯔의 대자보 내용이 전국에 방방 울리던 6월 1일, 『인민일보』는 "모든 우귀사신(괴물과 악마)을 척결하자!"라는 사설을 내보냈다. 전국의 모든 학교에 휴교령이 내려졌고, 아이들은 책상을 박차고 나와서 빨간 완장을 달고 '모든 낡은 것들을 때려 부수러' 거리를 휩쓸고 다니며 닥치는 대로 파괴했다.

이 아이들은 마치, 1496년과 1497년에 이탈리아 피렌체 거리에서 세상의 모든 허영과 사치품을 불태우고 다녔던, '사보나롤라의 소년들'을 연상케 한다. 사보나롤라는 당시 피렌체 공화국을 지배하던 수도사로, 타락한 피렌체를 정화시켜 신의 가르침이 지배하는, 신정국가를 만들기 위해서는 '허영의 소각'을 해야 한다고 주장했다.

1496년 2월 7일, 두건을 쓴 소년들이 떼를 지어 거리를 누비고 다니면서 조금이라도 사치품을 몸에 지닌 사람들한테서 그것을 몰수하는 사건이 벌어졌다. … 사람들은 타락한 습관을 추방하려는 '사보나롤라의 소년들'의 행동을 찬양했다. … 1497년. 사육제 마지막 날인 오늘 … 모두가 거리를 누비고 다니는 대행렬에 참석했다. 대부분의 사람들이 흰옷에 붉은 십자가를 들었다. … 광장에는 커다란 피라미드형으로 만들어진 사치품의 산이 쌓여 있었다. … 사보나롤라가 평소에 설교한 '허영의 소각'이 집행될 판이었다. … 소년들이 늘어서서 찬송가를 부르기 시작한다. … 불은 순식간에 피라미드 전체를 휘덮는다.[41]

문혁 때 '사보나롤라의 소년들'은 홍위병이다. 대부분 10대로 마오 주석이 '너희는 아침 8시의 태양'이라고 한 '마오의 아이들'이다. 홍위병은 마오 주석이 '낡은 사고와 낡은 문화, 낡은 관습, 낡은 습성'이라고 부른 '네 가지 낡은 것들'을 타도해서 세상을 정화하려고 했다. 타도하고 정화해야 할 대상은 대부분 자신의 스승이거나 부모 세대였다.

당시 유명 작가 톈한의 아들은 자신의 아버지를 '개새끼'라고 부르며 비판 대자보를 쓰기도 했다. 지금은 감금 상태에 있는 전 충칭시 당서기 보시라이 역시 홍위병 시절 자신의 아버지이자 원로 혁명가인 보이보를 반동분자로 비판하며 뺨을 때렸다. 자식이 부모를 고발하고, 아내가 남편을, 남편이 아내를 반혁명분자로 밀고하고 비판하는 일은 문혁 때 '집밥 먹듯' 흔한 일이었다. 혁명의 영웅과 존경받던 지식인, 예술가가 줄줄이 끌려 나와 어린 홍위병 들에게 두들겨 맞고 갖은 모욕을 당했으며, 그중 상당수는 자살하거나 맞아 죽었다.

마치 중세 시대 유럽에서 벌어진 마녀사냥의 불길처럼, 피렌체를 정화한다며 허영의 소각을 벌인 '사보나롤라의 소년들'처럼, 중국의 홍위병은 '낡은 문화를 활활 태운다'는 구호를 외치며 자신의 부모와 스승, 노작가를 끌고 다니며 '계급 정화' 운동을 했다. 누군가는 그 시대를 중국판 제노사이드(대학살) 시대라고도 했다. 문혁 전에도 지식인이 계급 혁명과 사상 정화 운동을 빌미로 숙청됐지만, 특히 문혁 기간에 그들은 마녀처럼 집중적으로 사냥되고 불태워졌다.

○ ○ ○

    1966년 8월 23일 아침, 라오서가 마당에서 놀고 있는 네 살 손녀에게 작별 인사를 했다.

    "할아버지 간다. '잘 가'라고 말해 줄래?"

    그날 아침 집을 나간 라오서는 영원히 돌아오지 않았다. 다음날 그의 아내가 저녁 늦게 연락을 받고 그를 찾았을 때는 이미 고인이 된 뒤였다. 그의 시신이 발견된 장소는 집에서 멀지 않은 공원 내 타이핑후(太平湖)였다. 아침에 집을 나간 라오서는 하루 종일 타이핑후 주변에서 우두커니 혼자 앉아 '마오 시선집'을 읽었다. 그리고 인적이 뜸해진 저녁 무렵 호수로 뛰어들었다. 이 증언은, 라오서의 아내가 연락을 받고 타이핑후에 갔을 때 라오서의 시신을 처음 발견한 공원 관리인이 들려주었다는 내용이다.

    소설 『낙타 샹즈』와 『찻집』의 작가인 라오서는 마오의 사회주의 신중국에서 가장 중요한 지식인이자 당시 미국과 일본 등 세계에 널리 알려진 작가였다. 신중국 건국 전에 미국 정부의 초청으로 미국에 머물고 있던 라오서는 저우언라이가 친서를 보내 '신중국 건설에 동참해 달라'고 요청했을 정도로 중국 정부와 인민들이 각별하게 아꼈던 작가다. 그런 라오서도 '마오의 아이들' 홍위병의 박해를 피해 갈 수 없었다. 그는 타이핑후에 투신하기 전날 늦은 밤까지 베이징의 중심가인 궈쯔젠에서 문인협회 사무실까지 홍위병들에게 끌려 다니며 온몸을 맞아 피투성이가 되었다.

라오서가 자살하기 약 2주일 전, 베이징사범대학 부속 여자중학교에서는 벤중윈 부교장이 자신의 제자인 그 학교 학생 홍위병들에게 고문과 구타를 당하다 죽었다. 스승을 죽인 주범이자 당시 그 여학교 홍위병 지도부였던 송빈빈은 8월 18일, 천안문에서 열린 전국 백만 홍위병 대회에서 천안문 성루에 올라 마오쩌둥의 찬사를 받았으며, 마오가 친히 '쑹야오우'(宋要武, 무력을 원한다)라는 새 이름으로 개명까지 해주었다. 벤중윈 부교장이 사망한 지 약 2주일 뒤에 라오서도 죽었다. 문혁이 본격적으로 시작되었던 그해 8월은 홍위병들의 공포정치로 온 거리에 피와 살이 튀는 '붉은 8월'이었다.

당시 10대의 애송이에 불과했던 우리에게 누구도 그런 [때리고 부수는 등의 폭력적인] 행위가 패륜적이고 범죄적인 것이라고 말해 주지 않았다. 오히려 어른들은 우리를 부추

겼고, 우리는 그것이 정말로 위대한 혁명을 하는 일이라고만 여겼다. 하지만 문혁이 끝난 뒤, 우리는 마오쩌둥의 충실한 어린 혁명가에서 하루아침에 부모와 선생을 고발하고 학대한 패륜아가 되었다.

문혁 때 베이징 중학생 홍위병 지도부였던 리둥민은 말을 끝맺지 못하고 오열했다. 그 역시 2006년 문혁 40주년이던 해에 만났던 인물 중 한 명이다. 녜위안쯔와는 달리 리둥민은 문혁 당시 자신의 행위를 반성하고 통곡했다. 실제로 문혁 때 수많은 스승과 지식인을 '타도하고' '정화하는 데' 앞장섰던 어린 홍위병들 중 일부는 훗날 사과문을 발표하거나 참회록을 썼다. 하지만 라오서를 비롯해 자신의 스승을 죽음으로 몰았던 수많은 마오의 아이들은 여전히 침묵을 지키고 있다. 심지어 일부 홍위병 출신 지식인들 중에는 문혁 당시의 경험을 '후일담 문학' 형식으로 출판해 자신의 경험을 '민주 수업'이었다는 식으로 미화하거나, 농민·노동자와 함께 생활하면서 인민의 위대함을 체험했다는 식의 낭만적인 추억으로 포장하는 경우도 있다.

하지만 문혁을 경험한 다양한 사람들의 생생한 목소리를 기록한, 보고문학 『백사람의 십 년』을 쓴 펑지차이는

"나중에 태어난 사람들은 우리가 이렇게 살았다는 걸 알 수 있을까?"라며 "정치에서 휴머니즘이 빠지면 사회적 비극이 어떻게 발생하는지를 문혁이 보여 주고 있다. 그런 점에서 문혁은 20세기 인류 최대 비극 가운데 하나"라고 말했다.

1966년 8월, 라오서가 빠져 죽었던 타이핑후는 지금 사라지고 없다. 1971년 지하철 공사를 하면서 호수가 있던 자리가 매몰되었다. 2005년 공사를 통해 타이핑후라는 같은 이름으로 새롭게 복원되기는 했지만 예전의 위치와 모습은 아니다. 라오서의 죽음과 함께 타이핑후도 문혁처럼 과거의 기억 속으로 사라졌다.

1498년, 피렌체 공화국 사람들은 사보나롤라가 신의 예언자가 아니었으며, 자신들이 속았다는 사실을 알고 분노해서 그를 십자가에 매달아 불태워 죽였다. 그가 불에 타 죽었던 곳은 바로 자신이 세상을 정화한다며 '허영의 소각'을 벌였던 중심 광장이었다. 뼛조각과 재만 남은 사보나롤라는 결국 병사들에 의해 수레에 실려 피레네 아르노강에 던져졌다. 마키아벨리는 '사보나롤라의 소년들'이 그의 사후에 어떻게 성장해 갔는지는 기록해 놓지 않았다. "마오 주석은 우리의 붉은 사령관이며, 우리는 마오 주석

의 홍위병"이라고 노래했던 마오의 아이들은 그 뒤 어떻
게 되었을까?

2020년 1월 21일 이후 중국 우한에서 코로나가 창궐
하고 전 세계적인 팬데믹으로 이어졌을 때, 우한의 작가
팡팡은 매일 '우한 일기'를 기록했다. 그리고 그 일기가 미
국의 한 출판사에서 출판되자 팡팡은 '중국인의 양심'에서
하루아침에 중국의 비극을 외국에 팔아먹고 자기 잇속을
챙기는 뻔뻔한 매국노로 추락했다. 인터넷에서는 팡팡을
저격하는 '대자보'들이 끝도 없이 쏟아졌고, 우한의 한 아
파트에서는 실제로 문혁 때처럼 팡팡을 매국노라고 비난
하는 대자보가 나붙기도 했다.

졸지에 중국의 비극을 팔아먹고 등쳐 먹는 파렴치한
이 된 팡팡은 21세기 '인터넷 홍위병'들에게 두들겨 맞았
다. 그들은 라오서를 두들겨 패서 타이핑후에 빠져 죽게
만들었던 것처럼, 팡팡도 '여론의 매'에 맞아 죽기를 바랐
다. '마오의 아이들'의 후계자를 자처하는 인터넷 홍위병
은 그들의 세계 <유토피아>(烏有之鄉)에서 팡팡을 향한
비난을 '자발적인 애국주의 군중 운동'이라고 했다. 그러
면서 이 운동은 앞으로 '중국 사상 문화 운동과 이데올로
기 전쟁의 영광스러운 역사로 기록될 것'이라고 선언했다.

라오서는 죽고 타이핑후는 사라졌지만 마오의 아이들은 여전히 사라지지 않은 채 지금도 곳곳에서 허영의 소각을 벌이고 있다.

○ ○ ○

"인생에 대해 논하고 싶으면 언제든지 환영"이라고 했던 장 따예가 내게 다시 연락한 것은 지금으로부터 10여 년도 훨씬 더 전의 어느 날이다. 요양원에서 '죽는 날만 기다리고 있다'며 언제 시간 나면 자신을 보러 와 달라고 했다. 하지만 기력이 쇠한 탓에 요양원의 위치를 알지 못했고, 우리는 끝내 만나지 못했다. 장 따예가 죽는 날까지 '희망'을 잃지 않았기를 바란다. 하지만 나는 코로나19 이후 중국에 대해 다소 희망을 잃었다. 장 따예와 라오서가 겪었을 그 모든 비인간적인 폭력을, 어렴풋이나마 가늠할 수 있었기 때문이다. 장 따예가 말했던 평등과 자유, 희망은 코로나 바이러스와 함께 증발해 버렸다.

유언비어를 퍼뜨리면
엄벌에 처한다

2020년 12월 31일부터 후베이성과 우한시에서는 새로운 방역 정책을 발표했습니다. 베이징 일부 지역과 허베이성 스자좡시를 중심으로 다시 코로나19가 확산돼, 이 지역에서 오는 사람들은 도착 즉시 집중격리 시설에 가서 14일간 집중 격리 관찰과 핵산 검사를 받은 뒤 음성으로 판정돼야 이동이 허가됩니다.

2021년 1월 초, 우한에 갈 일이 있어 비행기 표와 숙소를 예매하기 전 혹시나 하는 마음에 우한시 질병통제관리본부에 전화했더니 "14일간의 집중 격리 관찰을 감수하고 오라"는 답이 돌아왔다. 불과 한 달 전까지만 해도 중국은 이제 코로나19에서 거의 '해방'된 줄 알았지만, 2020년 크리스마스를 전후해 베이징 순이와 허베이 스좌장 지역에서 확진자가 나오면서 다시 전시 상태가 되었다. 1월 12

일 정오를 기점으로 베이징으로 통하는 주변의 모든 고속도로가 봉쇄되고, 인근 지역 주민들의 베이징 진·출입이 금지됐다.

자다가 날벼락 같은 통보를 받은 사람들도 있다. 1월 11일 새벽, 허베이 스자좡시 가오청구 정춘진 12개 마을에 일제히 방송이 울려 퍼졌다.

"모든 주민은 지금 즉시 짐을 꾸려서 마을 입구에 모여 등록해 주십시오. 정부 지시로 모든 주민은 준비된 차를 타고 지정된 다른 지역으로 가서 일주일간 집중 격리 관찰을 해야 합니다."

주민 2만여 명은 불평 한마디 할 틈도 없이 비몽사몽 서둘러 짐을 챙겨 버스를 타고 집을 떠났다. 1월 10일까지 허베이성에서 나온 확진자 256명 중 대다수가 이 일대 마을에서 쏟아져 나왔기 때문이다. 1월 12일 정오를 기점으로 사전에 아무런 통보 없이 기습적인 봉쇄와 베이징으로의 진·출입 금지가 결정된 허베이 일대 주민들도 '멘붕'에 빠졌다. 오전에 베이징으로 출근했던 허베이 지역 거주자들은 졸지에 집으로 돌아가지 못하는 '난민'이 되었다.

1년 전, 2020년 1월 23일 오전 10시. 우한 시민들도 어안이 벙벙한 상태에서 기습적인 봉쇄를 당했다. 중국에서 가장 시끄럽고 활력이 넘치던 우한 거리가, 그날 오전 10시를 기점으로 삽시간에 '죽은 도시'로 변했다. 사람들과 소음이 사라진 우한 거리에는 온갖 구호만 나부꼈다.

"우리 모두 힘을 합쳐 역병을 물리칩시다!"

하지만 그날 이후 우한에는 죽는 사람과 죽어 가는 사람이 넘쳐 났다. 봉쇄가 이뤄진 1월 23일 이전에 '역병이 돌고 있다'는 통보나 방송은 없었고, '유언비어를 퍼뜨린 사람들은 엄벌에 처해진다'는 뉴스만 나왔다.

○ ○ ○

1942년, 중국 허난성 황허 일대에도 죽은 사람이 넘쳐 났다. 우한처럼 역병이 돈 게 아니었다. 대략 300만~500만 명이 대책 없이 굶어 죽었다. 그해 허난 지역에는 유례없는 가뭄이 들었고, 갈라지고 타들어 간 땅에서는 풀 한 포기도 자라지 않았다. 굶주린 사람들은 마을의 나무껍질을 벗겨 먹고 진흙을 파먹다가 배가 터져 죽는가 하면, 기러기 똥에 든 곡식 한 알이라도 먹기 위해 거리를 돌아다녔다. 주워 먹을 기러기 똥도 사라지자, 사람들은 어린 자식을 잡아먹고 아내와 딸을 인간 시장에 내다 팔았다. '매물'

인간이 너무 많아지자 사람값은 고물 값보다 더 쌌다. 굶주린 사람들은 '배추를 팔듯' 자식을 팔았고 그렇게 팔아도 고작 밀 한 근도 못 받았다. 시장에선 굶어 죽은 사람과 어린아이를 잡아서 만든 인육 만두도 팔려 나갔다.

1942년 허난은 삶과 죽음이 더는 아무 의미를 갖지 못하는 인간 지옥이었다. 그해 여름부터 다음해 겨울까지 먹을 것을 찾아서 인근 시안 등 다른 지역으로 탈출하는 굶주린 난민들의 행렬이 끝도 없이 이어졌다. 피난을 떠난 사람들도 부지기수는 중간에 굶어 죽었지만, 고향에서 자식과 아내까지 팔고도 끝내는 굶어 죽은 사람들보다는 생존 확률이 높았다.

1942년은 국민당 장제스가 이끄는 중화민국이 중국을 통치하던 시절이고, 1937년부터 시작된 중일전쟁으로 허난성의 절반이 일본군에 점령된 상태였다. 점령지가 아니었던 허난성 주민들도 나라가 구제해 주지는 않았다. 구제해 주기는커녕, 전쟁 물자를 징발하기 위해 집 안에 꼭꼭 숨겨 둔 나락 한 톨까지 징수했다.

1938년 6월 9일, 일본군의 서진을 막는다는 명분으로 장제스는 정저우 부근 화위안커우 제방을 기습적으로 방류해 황허를 범람시켰다. 잠자다 일순간 수몰되고 수장된 마을과 주민의 수는 통계조차 낼 수 없었다. 당시 황허 기습 방류의 영향으로 그 일대 생태계가 교란되면서 일어난 대기근이었다. 인재(人災)였지만 장제스는 오히려 "기근이 들었다고 말하는 자는 정부에 맞서는 행위"라며 엄벌에 처한다고 공표했다.

당시 허난의 참상이 전 세계에 알려진 것은 미국 잡지 『타임』 기자인 시어도어 H. 화이트가 사진기자 해리슨 포먼과 함께 허난성에 들어가 취재한 뒤 송고한 기사 덕분이었다. 이로 인해 장제스는 허난성에 구제 정책을 지시하게 된다. 1943년 3월 22일 『타임』에 화이트의 '특종'이 보도되기 전, 허난 지역 몇몇 언론에서 관련 보도가 없었던 것은 아니다. 화이트도 『대공보』에 실린 장가오펑의 기사를 본 뒤 두 눈으로 실상과 진실을 확인하고 싶어서 허난으로 갔다.

그 기사는 1943년 2월 1일치에 실린 '허난 재해 실록'이었다. 『대공보』는 당시 중국에서 발행 부수가 가장 많고 영향력도 가장 큰 신문이었다. 전국지에서는 최초로 다룬 기사였다. 장가오펑 기자는 허난 지역 취재기자로 발령받고 허난성 정저우로 가던 길에, 수많은 사람이 굶어 죽는 참상을 목격하고 바로 실상을 취재해 본사로 송고했다. 당시『대공보』사장 왕윈성도 살벌한 보도 금지 명령을 어기고 그 기사를 배치했을 뿐만 아니라, 본인이 직접 중앙정부를 비판하는 사설도 썼다. 하지만 결과는 정간이었다. 격노한 장제스는『대공보』를 3일 동안 정간 조치했고, 장가오핑 기자는 지금 식으로 말하면 '가짜뉴스 및 유언비어 유포죄'로 체포돼 1년간 옥살이를 했다.

화이트 기자는 기사를 쓴 뒤 직접 장제스를 만나 '진실'을 전하려고 했다. 부패한 관료들이 장제스의 눈과 귀를 막고 있다고 생각했기 때문이다. 장제스를 면담한 화이트는 훗날 이렇게 기록했다.

> 그는 사람이 사람을 잡아먹는 일이 중국에서는 일어날 수 없는 일이라고 했다. 길에서 죽은 사람을 먹는 개를 보았다고 해도 말도 안 되는 일이라고 했다. 하지만 포먼이 꺼낸 사진에 개가 길가에서 시체를 뜯어 먹는 모습이 찍힌 사진을 보고 총사령관은 다소 신경질적으로 경련을 일으키기 시작했다.[42]

1949년 공산당이 중국을 '해방'한 뒤에도 1942년 허난에서 벌어진 비극은 생존자들 외에 기억하거나 아는 사람이 거의 없었다. 그러다가 1992년 중국 소설가 류전윈이 자신의 고향 마을에서 벌어진 참상을 취재해 『1942년을 되돌아보라』는 소설을 발표하면서 다시 세상에 알려졌다.[43] 더 대중적으로 각인된 것은 2012년, 중국의 영화감독 펑샤오강이 류전윈의 원작을 바탕으로 만든 영화 <1942>가 개봉하면서다. 『대공보』 장가오평 기자가 '진실을 보도한 죄'로 감옥에 간 지 거의 70년 만에 이뤄진 일이다. '기억의 복원'은 목숨을 건 진실 보도만큼이나 길고도 험난한 여정이었다.

○ ○ ○

2020년 1월 23일 우한이 전격 봉쇄된 뒤, 상하이에 살던 37세 여성 장잔은 2월 초 봉쇄를 뚫고 우한으로 가서 시민 기자를 자처했다. 그는 혼자 카메라를 들고 봉쇄된 우한 거리를 누비며 실상을 알리려 했다. 당시 중국 언론에는 허가된 내용 외에는 엄격한 보도 통제가 내려진 상태였다. 모든 언론 보도는 중국 공산당의 공식 기관지이자 혀와 입인 <신화사>와 『인민일보』의 보도를 기준으로 삼아야 했다.

2월 8일 장잔이 처음 올린 취재 영상 제목은 "언론 자유와 목소리를 낼 권리에 대하여"다. 그 뒤 그는 "사람의 생명이 더 중요한가, 권력이 더 중요한가" "우한, 한밤중 화장터에서 울리는 통곡 소리" 같은 독립 취재 영상을 꾸준히 올리다가 그해 5월 조용히 사라졌다. 그러다 2020년 12월 28일 재판받는 모습이 보도됐다. 장잔은 이날 재판에서 '공중 소란죄'와 '유언비어 유포죄' 등으로 4년형을 선고받았다. 다음날 중국 공산당 기관지인 『인민일보』 산하의 『환구시보』 편집장 후시진이 자신의 블로그에 이런 글을 올렸다.

서방 세력은 그를 무정하게 소비했다. 그는 [서방 세력에 이용당한] 비극이다. 서방세계는 장잔을 이용해 중국 국내 여론을 분열시키려 했고, 중국의 단결력을 파괴하려 했다. … 장잔은 '언론 자유'와 '인권'을 빌미로 중국을 공격하는 서방 세력의 최신 무기가 되었다. 서방 세력은 장잔의 보도와 그를 '반항자'라는 이미지로 이용해서 중국 정부가 취한 방역 정책이 얼마나 '비인도적'인지를 비판하려고 했다. 하지만 사실 우한 봉쇄가 이뤄지던 시간에, 많은 기자가 그곳에서 진실을 보도하고 있었고 수많은 시민도 각자의 방식으로 진실을 전달하고 있었다. … 하지만 장잔이 저항하고 비판했던 중국 체제는 방역에 성공했고, 그를 지지했던 미국과 영국 같은 서방세계에서는 수십만 명이 죽어 나갔다. 중국과 서방세계 중 누가 더 방역에 인도적이고 성공했는지는 모든 사람의 마음속에 각자의 저울이 있을 것이다.[44]

화이트 기자가 국민당의 한 군관을 취재할 때 허난 지역의 참상을 거론하며 그들의 폭정과 무관심을 비판하자, 군관이 이렇게 말했다고 한다.

"인민이 죽으면 그 땅은 여전히 중국인의 것이지만, 군인이 죽으면 일본인이 바로 이 나라를 접수하게 된다."

하지만 똑같은 질문을 기아로 죽어 가던 1942년 당시 허난 사람들에게 돌리면 답은 이렇게 변할 것이라고 한다.

"굶어 죽는 한이 있어도 중국 귀신으로 죽겠느냐, 아니면 망국노(나라를 잃은 백성)가 되어도 굶어 죽지는 않겠냐고 묻는다면, 우리는 후자를 택할 것이다."

화이트 기자는 말한다.

"1942년을 되돌아보고 나서 얻은 마지막 결론은 바로 이것이다."

『1942년을 되돌아보라』의 마지막 문장이다. 중국인

들의 마음속에도 언론을 바라보는 각자의 저울과 마지막 결론이 있을 것이다.

애도할 권리

2021년 7월 20일 오후, 쓰촨성 청두 시내의 한 서점에서 시원한 에어컨 바람을 쐬며 한가하게 책을 구경하고 있었다. 전 세계는 아직도 코로나19로 고통받고 유럽과 미국 등에서는 기후변화 영향으로 곳곳에서 홍수와 화재가 이어지지만 중국은 평온하고 평화로웠다. 베이징에서 8시간여 기차를 타고 청두까지 오는 동안 나는 속으로 '중국 만세'를 외쳤다. 이 시국에 이렇게 자유롭고 편안하게 기차 여행을 하게 해준 '공산당 일당 독재 체제'의 뛰어난 방역과 재난 대처 능력에 감탄하며 감사하는 마음도 가졌다. 청두에 도착한 뒤 간간이 들여다본 중국 뉴스에서는 허난성 정저우 일대에 연일 큰비가 내린다고 보도했다. 매년 여름 반복되는 일이라 그러려니 했다. 감염병 바이러스도 세계 최강으로 잘 막아 내는 나라에서 그깟 홍수 정도가 뭐 대수일까 싶은.

7월 21일 새벽 5시 무렵, 일찍 잠을 깼다. 전날 저녁, 정 저우에서 발생한 홍수 관련 뉴스 특보를 보다가 잠이 들어 서인지 눈을 뜨자마자 관련 뉴스부터 확인했다. 비는 여전히 어마어마하게 퍼붓고 있었고, 전날 밤 정저우 지하철 5호 선이 침수돼 큰 인명 피해가 났다는 속보가 올라 있었다. 언론은 이구동성으로 이번에 허난성에 쏟아진 폭우는 (천년 에 한 번 일어나는) '천년일우'(千年一遇) 같은 재해라고 했다.

홍수 사태는 인구가 1억 명이 넘는 허난성의 성도를 순식간에 '아작'내 버렸다. 그 전날 내가 청두 시내의 시원 한 서점에서 한가하게 책을 뒤적일 때, 정저우의 지하철 5 호선에서는 수많은 사람이 물이 차오르는 객차 안에 갇혀 사투를 벌이고 있었다. 결국 12명은 끝내 물속에 잠겨 나 오지 못했다. 폭우가 그친 뒤에도 정저우와 허난성 일대에 는 빗소리 대신 곡소리가 쏟아지며 눈물이 또 다른 홍수를 이뤘다고 한다.

7월 26일, 상하이에서 작은 서점을 운영하는 한 중국 친구가 위챗 모멘트(타임라인)에 분노가 들끓는 '글 폭탄' 을 올렸다. 요지인즉, 정저우시 당국이 지하철 홍수 참사 로 죽어 간 망자들에 대한 시민들의 자발적인 추모를 방해 한다는 것이다. 폭우가 그치고 물에 잠긴 객차가 수습되자,

사고가 난 지하철역 앞에는 수많은 시민의 애도 헌화가 쌓였다. 정저우 지하철역 침수 사고는 자연재해가 아니라 인재에 가까운 참사였다. 홍수가 나고 지하철이 침수되는데도 지하철 운행을 중지하지 않은 당국의 잘못된 대응으로 수많은 사람이 물속에서 속수무책으로 죽어 갔다.

정저우 시민들은 억울하게 죽은 망자를 추모하고 싶은 마음에 사고가 난 지하철역 앞에 국화꽃과 애도문을 적은 쪽지와 편지를 걸어 놨다. 하루 동안 엄청난 애도 헌화와 추모 인파가 몰려들자 당국은 긴장하기 시작했다. 그리고 어느 순간, 시민들의 자발적인 애도 공간에 접근을 어렵게 하는 가림 막을 설치했다. 상하이 친구는 피가 뚝뚝 떨어질 듯한 날 선 문장을 폭탄처럼 날렸다.

"우리에게는 애도할 권리와 자유도 없단 말인가!"

○ ○ ○

1976년 4월 4일. 이날은 전통적으로 망자를 애도하는 청명절이다. 그해 청명절을 전후해 천안문 광장 중앙에 있는 인민영웅기념비 앞에 매일 수많은 사람이 모여들었다. 그해 1월 8일, 78세의 나이로 세상을 떠난 저우언라이 총리를 애도하기 위해 추모객 수십만 명이 꽃과 추모문을 들고 천안문 광장으로 쏟아져 들어왔다. 저우언라이 총리의 죽음은 지난 10년간 중국을 만신창이로 만든 문화혁명 시대의 종말을 예고했을 뿐만 아니라, 그동안 문화혁명의 상흔 속에 숨죽여 온 중국인들의 슬픔과 분노가 폭발하는 계기로 작용했다.

그해 1월 11일, 저우언라이 총리의 주검이 베이징 바바오산 혁명열사묘에 안치된 뒤 4월 4일 청명절 전까지 중국 전역에서 저우언라이 총리를 애도하는 크고 작은 집회와 시위가 끊이지 않았다. 하지만 정작 중국인들의 애도가 슬픔에서 분노로, 그리고 천안문 광장의 대규모 항의 시위로까지 발전한 가장 결정적인 계기는 '애도할 자유와 권리마저' 허락하지 않은 당국의 '애도 행위 금지령'이었다.

전국으로 번지는 추모 분위기와 애도 인파에 놀란 정부 당국은 인민영웅기념비 앞에 놓인 화환과 추모시 등을 강제 철거하며 모든 애도 행위를 금지했다. 청명절 당일에도 수십만 명이 화환을 들고 인민영웅기념비 앞으로 쏟아져 나왔지만, 당국은 그날 밤 역시 모든 화환과 추모문 등을 철거했다. 그러자 다음날인 4월 5일, 격분한 시민들이 천안문 광장에 모여 '애도 행위 금지령'에 항의하는 대규모 시위를 벌였다. 결국 시위는 공권력에 의해 강제 해산됐지만, 이 사건으로 수많은 사상자가 나오고 수백 명이 체포됐다. 이틀 뒤인 4월 7일 긴급 소집된 중앙정치국 회의에서 '4·5 천안문 사건'은 국가 체제를 전복하려 한, 불순 세력이 자행한 '반혁명 사건'으로 선언됐다. 덩샤오핑은 그날 사태의 모든 정치적 책임을 뒤집어쓰고 실각됐다.

　　1989년 4월 15일 후야오방 전 총서기가 갑작스럽게 죽었다. 문화혁명 종식 뒤 정치의 중심 무대로 복귀한 덩샤오핑이 임명한 총서기였다. 후야오방은 (덩샤오핑에 의해) 총리로 발탁된 자오쯔양과 함께 중국의 정치·경제 시스템을 더 민주적이고 자유로우며 개방적으로 이끌려 했다. 후야오방은 새 시대를 갈망하는 대다수 중국 지식인과 개혁가의 지지를 받았다. 하지만 1986년 말 안후이성 허페이 중국과학기술대학 학생들이 중심이 되어 정치 개혁과 민주화 등을 요구하는 시위가 일어났고 점차 다른 지역으로 확산되자, 위기감을 느낀 덩샤오핑은 이에 대한 정치적 책임을 물어 후야오방을 총서기직에서 물러나게 했다. 1976년 자신이 밟았던 전철을 후야오방에게도 고스란히 적용한 셈이다.

　　그 뒤 후야오방이 중앙정치국 회의에 참석하던 중 심

장마비로 갑자기 사망하자 그를 지지하고 존경하던 지식인과 학생들은 충격과 슬픔에 휩싸였다. 그들은 천안문 광장 내 인민영웅기념비 앞에 가서 그를 추모하는 화환과 애도문을 올렸다. 애도 인파는 갈수록 늘어났고, 인민영웅기념비 앞에는 화환을 바치려는 행렬이 끝도 없이 이어졌다.

애도는 어느새 정치 개혁과 언론 자유 보장, 부패 관료 처벌 등을 요구하는 '민주화' 시위로 발전했다. 심상치 않은 분위기를 감지한 정부는 4월 22일 후야오방 장례식 당일, 일반 시민들의 천안문 광장 접근을 차단하고 애도 인파를 막으려 했다. 하지만 봇물 터진 애도 물결은 덩샤오핑이 가장 우려했던 치명적인 결과를 가져왔다. 후야오방 장례식 이후 학생들은 동맹휴업을 선언하며 본격적인 민주화 시위를 이어갔다. 6·4 천안문 사건의 시작이었다.

6·4 천안문 사건은 중국의 1980년대를 절망과 비통함으로 끝맺었다. 후야오방의 뒤를 이어 총서기직을 맡은 자오쯔양 역시 정치적 책임을 지고 실각돼 죽을 때까지 가택연금됐다. 그해 6월 4일 천안문 광장 학살 작전을 성공리에 마친 덩샤오핑은 며칠 뒤 방송에 나와 시위대를 '반혁명 폭도들'이라고 했다. 1980년 광주 학살 작전을 수행했던 당시 신군부 최고 권력자 전두환 역시 그와 비슷한 말을

했던 것 같다. 광주민주화운동 희생자들 역시 문민정부가 들어서기 전까지는 애도가 허락되지 않던 '폭도들'이었다.

○ ○ ○

2021년 8월 8일. 자전거를 타고 천안문 광장 앞까지 갔다. 허난성 홍수 사태 이후, 중국의 주요 도시에서는 거의 사라진 듯했던 코로나 바이러스가 다시 유행하고 있었다. 베이징은 빗장을 걸고 주요 감염 도시로 통하는 기차와 비행기 등 모든 교통수단을 막았다. 평온하던 세계는 기적 소리처럼 멀리 사라졌다. 한동안 타 지역 관광객으로 북적이던 천안문 광장도 삼엄한 경계와 함께 출입이 통제되고 있었다. 자전거를 세우고 잠시 천안문 광장 근처에 머물렀다. 무장 경찰과 경찰차가 빼곡하게 들어선 광장 중앙에는 사람은 없고 인민영웅기념비만 혼자 우뚝하니 서 있었다.

1952년 착공돼 1958년 4월 22일 완공된 인민영웅기념비는 사회주의 신중국 건국 뒤 첫 번째로 지정된 국가급 중요문화보호물이다. 중국 근현대사의 혁명 열사와 애국지사를 기념하기 위해 세운 인민영웅기념비는 중국인에게 특별한 의미를 가진 정치적 애도의 장소다. 결혼과 출산,

이혼 등 사적인 인생 문제도 국가의 허락을 받아야 했던 '금기의 시대'를 살아온 중국인에게 애도 역시 허락을 받아야만 할 수 있는 행위였다. 그러나 인민영웅기념비는 누구나 마음대로 자유롭게, '나라를 위해 희생된' 영웅들을 애도하고 기념할 수 있는 허락된 장소였다. 저우언라이 총리와 후야오방 총서기가 사망했을 때 수많은 중국인이 이곳에 와서 화환을 바치고 애도한 이유도 바로 인민영웅기념비만이 유일하게 허용된 공적인 애도 장소였기 때문이다.

1989년 6·4 천안문 사건으로 희생당한 수많은 학생과 시민은 아직도 '폭도 세력'으로 남아 있다. 애도가 허락되지 않은 '반역' 망자들의 영혼도 여전히 인민영웅기념비 주변을 맴돌고 있다. 언제 그들에게 애도의 꽃다발과 추모시가 허락될 수 있을까.

나는 다시 자전거를 타고 첸먼 거리로 내달렸다. 통행이 금지된 천안문 광장과 그 안에 고독하게 서 있는 인민영웅기념비가 등 뒤로 아스라이 멀어졌다. 자전거를 타고 가면서 생각했다. 오늘은 '혼자 남은' 인민영웅기념비를 애도해야겠다고. 그리고 마음껏 애도하고 슬퍼할 자유를 달라고. '그날이 오면' 나는 다시 인민영웅기념비 앞에 와서 '중국 만세'를 당당하게 외치겠노라고.

이 세상에 살아 있었다는 증거:
제로 코로나가 지운 이름들

우리나라에도 열성 독자층이 많은 일본의 사회파 추리소설 작가 요코야마 히데오의 작품 중에 소설 『64』[45]가 있다. 주요 내용은 14년 전 발생한 미제 유괴 살인 사건과 관련된 경찰 내부의 조직적 은폐와 진실을 추적하는 과정에서 벌어지는 일들이다. 내가 이 오래된 소설을 아직 기억하는 이유는, 소설 속에 나오는 한 장면이 각별했기 때문이다.

　　주인공 미카미는 D현 경찰청 홍보담당관이다. 어느 날 이곳에서 교통사고가 일어난다. 경찰청은 사건 브리핑에서 "32세의 한 임산부 가정주부가 운전 부주의로, 취한 채 무단 횡단을 하던 노인을 치어 전신 타박상을 입혔고, 현재 의식불명"이라고 발표한다. 하지만 기자들은 피해자 노인의 이름이 메이카와라는 것만 알려지고 가해자인 가정주부가 익명으로 발표되는 것에 의혹과 불만을 제기한다. 기자들은 가해자가 틀림없이 배경이 든든해서 경찰청이 실명을 밝히기를 꺼리거나 뭔가 은폐하고 싶은 '진실'이 있으리라고 추측한다.

기자들의 관심은 온통 가해자의 익명성과 관련된 뭔가 냄새나는 '음모'에 쏠렸을 뿐, 78세 노인 메이카와에 대해서는 일언반구의 언급도 없다. 노인에 대해 알려진 거라곤 사인이 내장 파열에 따른 과다 출혈이고, 사고 당일 근처 선술집에서 소주를 두 잔 마시고 귀가 중이었다는 것이 전부다. 홍보담당관 미카미가 볼 때, 정작 익명과 실명 논쟁 사이에서 은폐된 진실은 가해자의 이름이 아니라 '메이카와 료지라는 한 인간이 이 세상에 살아 있었다는 증거'였다. 나중에 미카미는 가해자의 실명과 신원을 밝히는 자리에서, 이미 병원에서 숨진 피해자 메이카와 료지라는 한 사람의 인생에 대해서도 짤막하게 브리핑을 한다.

메이카와는 홋카이도 도마코마이 출신으로 집안 사정이 여의치 않아 초등학교도 제대로 나오지 못했다. 직장을 찾아 10대에 이쪽으로 건너왔고, 식품 가공 공장에서 40년간 근무하다 정년퇴직했다. 그 뒤로는 연금으로 근근이 생활했다. 8년 전 아내와 사별했고 슬하에 자식은 없다. 이 지역이나 가까운 곳에 친척도 없다. 취미는 채소를 키우는 것이었고 도박 같은 건 일절 손대지 않았다. 술집 주인장의 말로는 한 달에 한 번 선술집 '무사시'에서 소주 두 잔을 마시는 게 유일한 사치이자 낙이었다. 어머니는 자상했지만 메이카와가 여덟 살 때 전염병으로 세상을 떠났다. 아버지 이야기는 거의 하지 않았다. 소식이 끊긴 누나가 하나 있다. 고향에는 한 번도 돌아가지 않았다. (색약이라 붉은색 계통을 잘 구분 못하고 푸른색 계통은 남들보다 민감하게 구분했기 때문에) 원래는 하늘이나 바다를 찍는 사진작가가 되고 싶었다고 한다. 살면서 가장 행복했던 일은 아내와 만난 일이라고 했다. 평생 큰돈을 벌어다 주지도 못하고, 두 번이나 큰 병을 앓아서 고생만 시켰지만 불평 한마디 없이 잘 따라와 줬다. 온천 여행은 가봤지만 끝내 해외여행은 한 번도 데려가지 못했다. 그래서 장례는 최고급으로 치러 줬다. 집 다음으로 큰돈을 쓴 일이었다. 아내가 죽고 나서는 종일 텔레비전을 보는 게 일과였고, 주로 예능 프로그램을 봤다. 딱히 재미있지는 않았지만 와자지껄한 분위기가 좋았다고 했다.[46]

그 짤막한 보고문 속에 드러난 메이카와 료지의 인생은 특별하지 않았지만 다른 보통 사람들처럼 지극히 평범하고 소박했다. 그리고 한때 하늘과 바다를 찍는 사진작가가 되고 싶다는 꿈을 가진 '살아 있는 사람'이었다. 그의 이름은 가해자의 익명과 실명 논쟁에 가려 언론에 단 한 줄도 보도되지 못한 채 애도할 기회마저 빼앗기며 쓸쓸하게 사라져 갔다.

○ ○ ○

2022년은 중국인들에게 아주 각별했던 한 해였다. 나는 중국살이 20여 년 만에 거의 처음 중국인들의 집단 분노와 저항이 분출되는 것을 목격했다. 전국을 거의 대부분 봉쇄하다시피 한 제로 코로나 정책이 절정에 달하고, 상하이에 이어 수도 베이징까지 봉쇄되자, 평소 국가정책에 군말 없이 따르며 "대단하다, 나의 조국"(厲害了我的國)을 입버릇처럼 말하고 다녔던 2030 애국주의 세대도 백지를 들고 거리로 쏟아져 나왔다. 나는 마침내 중국의 제로 코로나 시대도 저물어 간다는 생각을 했다.

2022년 11월 24일 중국 신장웨이우얼자치구 우루무치의 한 봉쇄된 아파트에서 일어난 화재 사건은 그 종말을 앞당긴 불쏘시개였다. 중국 정부는 그날 불행했던 참사로 사망자 10명을 포함해 총 19명의 사상자가 나왔다고 발표했다.* 이 발표는 마치 요코야마 히데오의 소설 『64』에서, 경찰이 78세 노인 메이카와의 사인을 단순 교통사고로 발표한 것처럼 무정하고 비정하다. 그 발표에는 수많은 사상자가 '이 세상에 살아 있었다는 증거'가 삭제됐다. 죽은 이들은 이름조차 공개되지 않았다. 내가 그중 몇몇의 실명을 알게 된 것은 한국 언론사의 칼럼을 통해서였다.

예를 들어 희생자 중 하예르니샤한 압두레헤만(48) 씨는 네 자녀와 함께 불길 속에서 사망했다. 열네 살 딸부터 다섯 살 난 막내까지 누구도 살아남지 못했다. 20대 후반의 굴바하르 씨 역시 그의 두 아이와 함께 세상을 떠났다. … 그렇다면 압두레헤만 씨 가족의 남편이자 아버지는 어디 있을까? 엘리 메트니야즈와 그의 장남은 2017년 11월 신장 남부 모위현에서 체포됐고, 현재 악명 높은 재교육 수용

---

* 인명 피해가 컸던 것은 봉쇄로 인해 출입문이 잠겨 있어 희생자들이 탈출하지 못했으며, 오랜 봉쇄로 아파트 입구 길목에 세워진 주인 모를 자동차들과 온갖 봉쇄 관련 설치물이 소방차의 진입을 가로막아 소방차가 제때에 아파트 안으로 진입할 수 없었기 때문이라고 한다. 이 사건을 계기로 제로 코로나 정책을 규탄하는 시위가 전국에서 시작되었다.

소에 갇혀 있다.[47]

당시 우루무치는 제로 코로나를 달성하겠다며 100일
이 넘도록 주민을 집이나 강제격리 시설에 '짐승처럼' 격
리하고 있었다. 압두레헤만 씨와 굴바하르 씨, 그리고 그
들과 함께 불길 속에서 사라져 간 아이들의 이름은 무엇이
었을까. 언론에 단 한 줄도 실명이 실리지 못했던 그들은
애도받을 기회마저 빼앗기며 '화재 사망 주민'이라는 익명
으로 사라졌다. 이들 외에 신장 지역에서 장기 봉쇄로 수
천 마리의 양떼가 돌봐 줄 사람이 없어 집단 동사를 하고,
가축을 잃은 유목민들이 스스로 목숨을 끊기도 했다. 그들
의 이름은 무엇이었을까? 지난 3년 동안 중국에서 이름 없
이 사라진 사람은 헤아릴 수 없이 많다. 우루무치 화재 사
건 이전에도 과도한 방역으로 비슷한 참사와 비극이 되풀
이됐다.

2020년 3월 7일에는 중국 푸젠성 취안저우의 한 호텔
이 붕괴했다. 이 사건으로 29명이 숨지고 수십 명이 중상
을 입었다. 지역 정부가 지정해 운용한 격리 전용 호텔이
었다. 당시 중국의 각 지역에선 코로나19 감염 상황이 심
각한 지역에서 온 사람들을 일정 기간 격리하는 정책을 시

행했다. 아직 '팡창'(方艙)이라는 대규모 격리 시설이 본격적으로 만들어지기 전이라 주로 중소 호텔이 격리 시설로 징발돼 운용됐다. 붕괴된 호텔은 무리한 불법 증축 공사를 했고, 붕괴 당시 100명이 넘는 사람이 그곳에 격리돼 있었다. 매몰자 구출 과정에서 세 아이의 주검이 발견됐다. 일곱 살과 다섯 살, 겨우 갓 두 살을 넘긴 아이들이었다. 취안저우로 일하러 온 부모를 따라왔고, 우한과 같은 후베이 지역 출신이라 오자마자 2주간 격리돼야 했다.

이 아이들도 이름이 알려지지 않았다. 다른 매몰 사망자도 김모 씨, 양모 씨 등으로 불렸고 이름은 발표되지 않았다. 세 아이의 사연은 아이들과 함께 현장에서 숨진 엄마가 생전에 자신의 소셜미디어에 올린 동영상과 사진으로 알려졌다. 격리된 동안 세 아이는 올망졸망 모여 창밖 세상을 호기심 어린 눈으로 바라봤다. 사고 당일 올라온 사진에는 엄마 아빠와 함께 찍은 다섯 가족의 모습이 있었다. 사진 밑에는 "멋진 우리 아빠, 예쁜 우리 엄마랍니다. 그들은 서로 사랑했고 귀여운 우리들이 생겼답니다."라고 쓰여 있었다. 동영상 속 아이들은 유채꽃 밭에서 서로 손을 잡고 싱글벙글 해맑게 웃었다. 이 아이들의 이름은 아직도 알려지지 않았다.

2022년 9월 18일 새벽 2시 40분께, 구이저우성 구이양에서 47명이 탄 버스가 고속도로에서 뒤집혀 고가도로 밑으로 굴러 떨어지는 사고가 발생했다. 이 사고로 탑승객 중 27명이 숨지고 나머지는 크게 다쳤다. 사고 버스 탑승객은 모두 한밤중에 강제로 격리 시설에 '끌려가던' 사람들이다. 사고가 날 무렵 중국 전역에서 오미크론이 확산했고 구이저우성뿐만 아니라 대부분 지역에서 장단기 봉쇄와 격리가 반복되는 제로 코로나 정책이 절정에 이르렀다. 그때 사망자들 역시 이름이 알려지지 않았다. 사고 경위조차 제대로 발표되지 않았다. 이름이 사라진 그들은 '살아 있었다는 증거'도 제대로 남기지 못했다. 중국 언론과 정부는 그들을 '불행한 조난자'라고 부르며, 기자회견 석상에서 짧은 묵념으로 모든 애도를 대신했다. 그로부터 약 두 달 뒤 우루무치 아파트 화재 참사가 일어났다.

○ ○ ○

우루무치 참사를 계기로 중국인들은 각성했다. 그리고 백지를 들고 거리로 나와서 '밥과 자유'를 외쳤다. 놀란 중국 정부는 2022년 11월 29일부터 모든 방역 관련 발표와 기자회견, 관방 언론에서 제로 코로나라는 말을 쓰지 않았으며, 그해 12월 이후 방역을 완화해 사실상 '위드 코로나'를 선언했다. 갑자기 중단된 제로 코로나 방역 정책은 전국 각지에서 동시다발적인 코로나19 확진자 폭증을 가져왔고 준비 없는 위드 코로나로 인해 두 달여간 중국 전역에서 의약품 대란이 벌어지기도 했다. 그러나 결과적으로 우루무치 참사와 백지 시위가 가져온 다소 드라마틱한 강제 출구 전략을 통해 중국은 몇 달간의 일시적인 혼란기를 거쳐 다시 봉쇄 이전의 일상적인 자유를 차츰 찾아 갔다.

하지만 여기서 멈춰서는 안 된다. 지난 3년 동안 이름 없이 사라진 수많은 사람들에게 '살아 있었다는 증거'를 되돌려 줘야 한다. 그들의 이름을 되찾아 주고 애도할 기회를 얻게 해야 한다. 그리고 백지 시위에 참가했다가 소리 소문 없는 검거 폭풍 속에 어디론가 사라진 수많은 저항자들에게도 이름을 찾아 줘야 한다. 모두가 일상을 회복할 때 그들은 외부 세력이라는 이름으로 어디선가 또 봉쇄되고 격리된 삶을 살아가고 있을 테니.

애국주의 전성시대:
희망과 실망이 교차하는 시간들

두 남자는 방금 전까지 술잔을 주거니 받거니 하며 살갑게 저녁을 먹던 중이었다. 그런데 어느 순간 술잔 대신 고성과 삿대질이 오가더니 급기야 술잔까지 집어던질 기세로 싸우기 시작했다. 각기 중국 금융계와 출판계를 대표하는 '모범 직장인'이라고 소개하며 화기애애하게 반주를 곁들이며 시작된 식사 자리였다. 코로나 이후 거의 1년 반 만인 2021년 5월, 베이징을 벗어나 안후이 지역으로 떠난 도보 여행길에서 만난 사람들이다. 우연히 산속 농가 민박집에서 함께 묵은 그들과 저녁 식사를 같이 하며 도보 여행의 즐거움에 대해 이런저런 한담을 나누던 중, 민박집 공용 식당에 걸려 있는 오래된 사진 한 장을 보게 되었다. 그 사진이 사달을 일으켰다.

1969년 4월 1일 베이징에서 열린 제9차 당대회에서 마오쩌둥과 〔반마오쩌둥 쿠데타가 실패해 소련으로 망명하던 길에 비행기 추락으로 사망한] 린뱌오가 마지막으로 함께 찍은 빛바랜 사진이었다. 린뱌오는 마오가 자신의 후계자로 점찍었던 인물이다. 사진을 보던 두 남자는 아주 귀중한 사진이라며 술잔을 부딪친 뒤, 화제를 마오와 린뱌오에 얽힌 애증사로 옮겨 갔다. 그러다 차츰 대화가 거창하게 흘러갔고 급기야 '중국 혁명의 마지막 임무인 대만 수복' 문제로까지 이어졌다. 여기서부터 두 남자의 의견이 갈렸다. 금융계 쪽 남자는 대만을 자유 지대로 남겨 두어야 한다고 주장했다.

"홍콩과 마카오도 되찾았고 우리나라 국력도 이제는 미국과 맞짱 뜰 정도로 성장했으니 대만은 민주주의 실험 기지로 남겨 두는 게 좋다. 어떤 정치체제와 통치 형태가 더 도움이 되는지는 봐야 하지 않나?"

이 말을 들은 출판계 남자는 당장 두 눈에 격노의 빛이 번쩍이더니 술을 한 잔 거칠게 들이켠 뒤 갑자기 고성을 날렸다.

"이 무슨 매국노 같은 소리를 지껄이는 거야! 대만은 원래 우리가 진즉에 수복했어야 할 우리 영토다. (나를 한번 힐끔 쳐다본 뒤) 항미원조 전쟁[한국전쟁]만 아니었어도 대만은 벌써 수복했을 텐데. 그런데 뭐, 자유 지대? 그러고도 당신이 애국을 말할 자격이 있어? 저 사진을 보고도 뭐 깨닫는 게 없어? 나라를 배신하는 놈들의 최후는 린뱌오 꼴이 나는 거다. 어찌나 가짜 애국주의자들이 설치는지….”

졸지에 가짜 애국주의자가 된 금융계 남자도 물러서지 않고 출판계 남자를 공격하기 시작했다.

“누가 애국자인지 아닌지 당신이 뭘 안다고 함부로 판단해! 당신처럼 맹목적이고 극단적인 민족주의자들이 나라를 망치는 거라고. 애국주의 웃기네. 뇌는 없고 머리가 뜨거워지면 광분해서 날뛰는 것들이 무슨 애국주의….”

○ ○ ○

2021년 3월 25일, 중국 외교부 대변인 화춘잉이 한 외신 기자의 질문에 답하고 있었다. 신장 위구르족 강제 노동에 항의하며 “우리는 신장 면화를 사용하지 않습니다.”라고 선언했던 다국적 의류 기업 에이치앤엠(H&M)과 나이키 등에 대한 중국인들의 집단 불매운동 및 애국주의 소비 운동이 거세게 일자, 외교부 정례 브리핑 시간에 한 외신 기자가 이와 관련한 질문을 던졌다. 질문을 들은 화춘잉 대변인은 매섭고 단호한 목소리로 이렇게 일갈했다.

"중국 네티즌은 자신의 생각과 느낌을 표현할 권리가 있다. 특히 현재 중국 네티즌은 자신들의 명예와 존엄을 매우 중요시한다. 이는 절대로 민족주의가 아니라 소박한 애국주의다."

그보다 앞선 2021년 3월 12일, 중국 국무원 신문 판공실에서 열린 기자회견에서 올해 전인대에서 통과된 '애국자가 홍콩을 다스려야 한다'(愛國者治港)라는 요지의 새로운 홍콩 선거법과 관련해 외신 기자들의 질문이 쏟아졌다. "누가 애국자이고 누가 애국자가 아닌지를 어떻게 판단할 것인가?"라고 한 외신 기자가 묻자, 국무원 홍콩마카오상무부주임 장샤오밍은 이렇게 대답했다.

"애국자의 기준에 관해, 덩샤오핑이 예전에 했던 말이 있다. 즉 '자기 민족을 존중하는 사람, 홍콩 주권 문제에 대해 조국의 주권 행사권 회복을 진심으로 지지하는 사람, 그리고 홍콩의 번영과 안정을 해치지 않는 사람'이라고 했다. 누가 애국자이고 애국자가 아닌지를 근본적으로 판단하는 준칙도 바로 이 세 가지 기준과 같다."

2012년 9월 15일, 시안의 번화한 거리에서 반일 시위대 한 무리가 "일본을 타도하고, 일본 상품을 쓰지 말자!"는 구호를 외치며 '애국 시위'를 벌이고 있었다. 당시 일본이 댜오위다오(일본명 센카쿠 열도)의 국유화를 선언하자, 중국 전역에서 연일 극렬한 반일 시위가 일어났고 일본 상품 불매운동도 광풍처럼 퍼져 갔다. 그날 21세 미장공 청년 차이양은 버스를 타고 가던 중 시위 행렬에 길이 막히자 버스에서 내려 시위대에 합류했다. 허난성의 가난한 농촌 출신인 그는 초등학교도 채 마치지 못하고 일찌감치 건설 현장 등으로 돈벌이에 나섰다. 시안의 대학가 부근에서 자기 또래의 수많은 청년들이 애국 시위를 하는 것을 본 차이양은 곧바로 '머리가 뜨거워져서' 거리에서 "타도 일본!"을 외치며 절절한 애국심을 분출했다.

그러던 중, 한 중년 남자가 도요타 자동차를 몰고 오는 것을 발견했다. 차이양은 유(U)자형의 오토바이 쇠 자물쇠를 들어 차를 내리쳤다. 그때 운전자의 아내가 차이양에게 빌듯이 애원했다.

"우리도 힘들게 벌어서 산 차예요. 제발 부수지 말아요. 일본 자동차를 산 건 잘못했어요. 앞으로는 사지 않을 테니 제발…"

도요타 자동차를 내리치고, 그 운전자의 머리도 함께 내려친 차이양은 이렇게 말했다.

"이것은 애국 행위다!"

1919년 5월 4일, 베이징대학 홍러우(紅樓, 붉은 벽돌 건물)를 출발한 학생들이 천안문 광장으로 행진했다. "매국노를 처단하자!" "21개조[북양 정부 총통 위안스카이가 일본과 맺었던 불평등 조약]를 폐기하라!" 등의 구호를 외치며 대대적인 '애국주의 반제 시위'를 벌였다. 그 유명한 5·4 운동의 시작이었다.

당시 베이징대학 제1 캠퍼스 격이었던 홍러우는 1918년에 지어졌으며 중국 애국 청년 운동 및 신문화 운동의 요람이 되었던 곳이다. 초대 총장을 역임한 차이위안페이를 중심으로 '민주와 과학'을 기치로 내건 중국 지식인들의 신문화 운동을 주도해 나갔고, 리다자오와 천두슈, 마오쩌둥 등 초기 공산주의자들의 활동처가 되기도 했다. 마오쩌둥은 이곳 베이징대 홍러우에서 1918년부터 1920년까지 도서관의 말단 사서를 하며, 후스 등 당시 별처럼 떠오르던 수많은 당대 최고의 지식인들을 가까이에서 관찰할 수 있었다. 1920년 리다자오는 이곳에서 초기 사회주의자 19명과 함께 마르크스주의연구회라는 비밀 조직을 결성했다. 리다자오를 비롯해 3인으로 구성된 베이징 공산당 소조가 탄생한 곳도 베이징대 홍러우다. 중국 혁명 근거지이자 20세기 1세대 애국주의 청년들의 탄생지인 셈이다.

5·4운동 당시 중국에 머물고 있던 미국의 철학자 존 듀이는 "우리는 지금 한 민족과 국가의 탄생을 목격하고 있는 중"이라고 했는데, 베이징대 홍러우는 바로 그 산파 역할을 했던 곳이다. 이곳은 현재 중국 청소년·학생·시민들에게 애국주의 교육을 실시하는 중요한 역사 유물로 지정되어 있다.

지난 2019년 5·4운동 100주년을 맞아 시진핑 주석은 기념사에서 5·4운동의 애국주의 정신을 거듭 강조했다.

"5·4운동은 애국과 진보, 민주, 과학을 주요 내용으로 하는 5·4정신을 배양했고, 그 핵심은 애국주의 정신이다. 손중산 선생은 이렇게 말했다. 사람이 해야 할 가장 큰 일은 '바로 어떻게 애국을 할 것인가를 아는 것'이다. 모든 중국인에게 애국은 본분이자 직책이고…."

하지만 1919년 베이징대 홍러우에서 시작된 5·4운동은 사실 당시 중국 청년과 지식인의 '희망과 실망의 전환'이 빚은 각성이자 분노의 표출이었다.

5·4운동을 연구한 중국 역사학자 뤄즈톈은 『격변 시대의 문화와 정치』라는 책에서 "5·4운동은 당시 중국 사회를 5·4운동 전과 후로 나누는 분수령이 된 사건이다. 5·4운동이 일어나기 전에 각계 중국인들은 세계와 중국의

정치사회적 상황에 대해 희망에서 실망으로 급격한 전환이 이루어지고 있었고, 이는 5·4운동의 촉발에 깊은 영향을 주었다."고 분석했다.[48] 그가 말한 '희망과 실망의 급격한 전환'이란 바로 1918년 11월 제1차 세계대전이 끝난 직후의 분위기를 말한다.

승전국의 일원이 되어 온 나라가 축제 분위기로 들끓고 있을 때, 중국인들은 서구 열강이 약탈해 간 각종 이권을 되찾을 것이라고 믿었다. 하지만 그 희망은 약 6개월 뒤 파리강화회의에서 승전국 열강이, 패전국 독일이 가진 중국에 대한 대부분의 이권을 일본에 넘겨주기로 하자 급격한 실망과 절망으로 바뀌었다. 그들은 매국노와 열강의 실체를 각성하기 시작했고 순진한 희망과 환상을 버리고 베이징대 홍러우를 출발해 천안문 광장으로 행진했다. 당시 거대한 애국주의 함성이 온 베이징 하늘에 쩌렁쩌렁 울려 퍼졌다고 한다.

'시진핑 신시대 중국 특색 사회주의'에서 애국주의를 가장 최전선에서 실천하고 있는 전사들은 시안에서 도요타 운전자를 가격하며 '애국 행위'라고 말했던 차이양과 같은, 1990년대 이후 출생한 '샤오펀훙'(小粉紅)이다. 최근 인터넷 등에서 한국과 여러 원조 논쟁 등으로 마찰을 일으키고, 사드(고고도미사일방어체계) 배치와 댜오위다오 문제 등으로 촉발된 한국과 일본 상품의 불매운동, 최근 H&M 등에 대한 불매운동을 애국 소비 운동이라는 '정의'의 이름으로 주도하는 부류도 이들 샤오펀훙이다.

이 이름은 2008년 무렵 주로 젊은 여성 사용자가 많은 중국의 한 지방 인터넷 문학 논단에서 비롯되었는데, 그 인터넷 홈페이지의 배경색이 분홍색인 것에 빗대어 '샤오펀훙'이라고 부르게 되었다. 그곳은 곧바로 중국 애국주의 인터넷 전사들의 집결지가 되었고, 그 후 샤오펀훙들을 중심으로 인터넷상에서 무수한 '애국빠'가 생겨났다.

중국의 한 유명 블로거는 샤오펀훙을 이렇게 정의했다.

그들의 유일한 적아(敵我) 판단 기준은 애국이냐 아니냐다. 또한 반드시 그들의 방식으로 애국을 실천해야만 인정된다. 그렇지 않으면 아무리 의도가 좋아도 애국 행위가 아닌 것으로 간주된다. 그들은 영원히 자신을 가장 정의로운 위치에 놓고, 자신들의 방식에 동의하지 않는 다른 사람들에게는 매국노라는 딱지를 붙인다. … 샤오펀훙의 핵심 사상은 중국이 세계에서 가장 위대한 국가이고 중화 민족이이 세계에서 가장 우수한 민족이라는 것이다. 그들의 이런

비이성적인 자만감은 이미 극단적 민족주의 특징을 구비하고 있다.[49]

그러나 샤오펀훙의 극단적 민족주의는 외교부 대변인 등이 앞장서서 '소박한 애국주의'로 포장하고 표현의 자유라고 옹호한다. 그들은 약 100년 전 베이징대학 훙러우에서 출발해 신시대의 분수령을 만든 5·4 애국 청년들의 '희망과 실망의 전환'이 어떤 심정이었는지 이해하고 있을까. 20세기부터 지금까지 중국은 줄곧 애국주의 전성시대다. 그런데 과연 진정한 애국이란 무엇이며, 그것은 누가 정하는 것일까?

○ ○ ○

안후이의 산속 농가 민박에서 고성과 삿대질을 하며 '애국자' 설전을 벌이던 그 두 남자는 내 방 앞에 있던 공용 화장실에서 밤새도록 번갈아 가며 토악질을 해댔다. 그날 저녁 식사 자리도 내게는 '희망과 실망'이 교차하고 전환하는 시간이었다.

나의
베이징 이야기

제4부

겨울이 오면 나는
원명원에 간다

마침내 어느 순간에,

우리 아버지 세대가 당신들의 일생에서 겪었던

모든 수고와 노력이, 모든 행복과 따스함이

결국은 살아 있기 위한 것이었음을,

살아 있는 과정 속의 쌀과 땔감이었고

기름과 소금이었으며,

살다가 병들고 늙고 죽는 것이었음을 깨닫게 되었다.

_옌롄커, 『나와 아버지』[50]

아름다운 무덤에서
삶을 더욱 사랑하게 되다

요즘 유행하는 말로, 나는 '어쩌다' 묘지를 좋아하게 되었다. 경주가 가끔 그리워지는 까닭도 소나무 숲으로 뒤덮인 왕릉 길 걷는 재미를 못 잊어서다. 나무 사이로 쏟아지는 햇살과 솔 내음 가득한 무덤 사이 길을 걷다 보면 '왕족들은 죽어서도 호사를 누린다'는 생각이 들어 심술이 나기도 한다. 경주의 왕릉 길을 걸으면서 처음으로 '죽은 자의 팔자'가 부러웠다.

영국 런던 여행의 추억도 하이게이트 공동묘지에 묻혀 있는 '맑 선생'(카를 마르크스)의 묘지를 구경 갔던 기억이 가장 인상적으로 남아 있다. 부슬부슬 비가 내리던 날, 마르크스를 꽤나 흠모하는 듯한 한 젊은 청년이 그의 묘비 앞에서 아주 오랫동안 우두커니 서 있었다. 마르크스 묘비 앞에는 그를 추모하는 전 세계의 '팬'들이 놓고 간 꽃다발들이 또 하나의 꽃 무덤을 형성하고 있었다. 생전에는 성격이 괴팍하고 다혈질이라 논쟁을 하거나 술을 마시면 항상 사람들과 '쌈박질'했다는 마르크스지만 죽어서 그곳에 묻힌 뒤로는 어쩐지 온화하고 부드러운 성질로 개조된, 또 다른 '죽은' 마르크스의 삶을 사는 것처럼 보였다.

몇 년 전, 파리에 갔을 때 아무 생각 없이 거리를 걷다가 우연히 들어가게 된 곳도 공동묘지다. 처음에는 공원인 줄 알았는데, 들어가 보니 거대한 공동묘지였다. 그것도 파리에서 가장 유명하다는 공동묘지 페르라셰즈였다. 오스카 와일드와 쇼팽, 플로베르 등 20세기 최고의 유명 예술가들과 작가, 사상가들이 많이 묻혀 있었다.

내친김에 일부러 찾아서 간 또 다른 곳도 유명인들의 묘가 많이 있는 몽파르나스 공동묘지다. 그곳에는 에밀 졸라와 시몬 드 보부아르, 샤를 보들레르 등 당대의 스타 문인의 묘가 많이 있었다. 파리에서 그 두 곳의 공동묘지를 걸으면서 나는 한 가지 소원이 생겼다. '나도 죽으면 이곳에 묻히고 싶다'는 것. 페르라셰즈와 몽파르나스 공동묘지는 사색하기 좋은 산책길이기도 했고, 마치 유명인들의 무덤을 찾아가는 순례길 같은 느낌도 들었다. 죽은 자들의 무덤이 즐비한 그 공동묘지에서 나는 삶을 더욱 사랑하게 되었다. 돈도 더 많이 벌고 더 오래 살아서 자주 그 공동묘지 길을 걸어 보고 싶었다.

『그리스인 조르바』의 작가 니코스 카잔차키스의 묘지는 조금 쓸쓸하고 고독한 곳에 있었다. 그와 두 번째 아내가 함께 묻혀 있는 그리스 크레타 섬의 묘지 너머로는 에게 해가 그림처럼 펼쳐져 있고 이국의 향기로운 꽃들과 나무들이 심어져 있었지만, 묘지의 분위기는 왠지 쓸쓸했다. 그가 쓴 문학작품이 자신들의 신과 종교를 모욕했다는 혐의로 그리스정교회로부터 파문을 당했던 카잔차키스는 독일에서 죽은 뒤, 아테네 매장을 거부당하고 고향인 크레타에 묻혔다. 죽어서도 그는 조국과 고향땅에서 환대받지 못했지만, 그의 묘비명을 읽고 난 뒤에는 에게 해를 이불처럼 베고 누워 있는 카잔차키스가 세상에서 가장 부러운 '죽은 자'가 되었다.

"나는 아무것도 바라지 않는다. 나는 아무것도 두려워하지 않는다. 나는 자유다."

그의 묘비명은 곧 내 삶의 좌우명이 되었다.

○ ○ ○

세상의 수많은 묘지를 구경하러 돌아다니며 묘지 찬

양을 하지만, 그럼에도 불구하고 나는 아직까지 '이 남자'의 묘지만큼 더 안락하고 좋은 곳은 발견하지 못했다. 그곳은 사계절 내내 변화무쌍한 풍경을 즐기며 혼자 걷기에도 좋은 길에 있으며, 묘지 근처 벤치에 앉아 우두커니 먼 산을 올려다보며, 살아갈 미래를 공상해 보기에도 좋은 장소다. 그의 묘가 있는 숲 뒷길은 인적이 드문 곳이라 '살기 싫은 날'에는 그곳에 가서 돗자리를 펴고 가만히 엎드려 있기도 좋다. 이 남자가 묻혀 있는 장소는 베이징에서 가장 경치가 수려하고 전망이 좋은, 베이징 서쪽 외각을 병풍처럼 감싸고 있는 시산(西山) 아래에 위치한, 베이징 식물원이 있는 곳이다. 19세기 말과 20세기 초, 서구 열강에 갈가리 찢겨 나가는 청조를 구하고 새로운 중국을 건설하기 위해 캉유웨이와 함께 변법자강운동을 주도한 인물 량치차오가 바로 그 묘의 주인이다.

량치차오의 묘는 베이징 식물원 내 동쪽 깊숙한 곳에 위치한 은행나무와 송백 군락 지역에 있다. 낮은 돌담으로 경계를 지어 놓은 그의 묘지는, 정확히 말하자면 량치차오 일가족의 묘지다. 그곳에는 량치차오와 두 부인, 그리고 동생과 세 아들의 묘가 함께 있다. 량치차오 가문은 중국에서 손꼽히는 명문가로, 후손 대부분이 중국 현대사에서

굵직한 업적을 쌓은 중요한 인물들이다. 량치차오 묘를 설계한 인물은 장남인 량쓰청으로, 중국에서 가장 유명했던 건축가다. 량쓰청의 아내이자 량치차오의 며느리인 린후이인은 남편보다 더 유명한 인물로 중국 국가 휘장과 인민 영웅기념비를 설계한, 중국의 첫 번째 여성 건축가다. 량치차오의 묏자리는 원래 몰락한 황족의 묘 터였는데, 그곳을 자손들이 사들여 지금의 량치차오 일가족 묘로 조성했다. 그러다가 1978년 후에는 가족들이 식물원에 묘지를 기증했고, 지금은 베이징시 중요문화보호재로 지정되어 시 차원의 관리와 보호를 받고 있다.

청조 말기와 20세기 중국 근대 초기의 역사는 량치차오를 빼놓고 설명할 수 없다. 1873년 광저우의 한 작은 마을인 신후이현 차컹촌에서 태어난 그는 1919년 5·4운동 당시의 청년 세대와 루쉰, 후스, 마오쩌둥에 이르기까지 수많은 신문화 운동 세대에게 해일 같은 영향을 미치며 '신중국의 미래'를 설계하고 조직한 사상가이자 정치가였다. 그는 17세 무렵, 광저우의 한 학당에서 과거 시험 준비를 하다가 운명처럼 캉유웨이를 만나면서 인생의 새로운 길에 들어섰다. 마찬가지로 20세기 초반 수많은 중국의 애국 청년들도 량치차오가 발행한 신문과 잡지, 그가 쓴 글을 보고 서구의 진보적인 사상과 과학, 선진 학문을 접하며 새 세상에 눈을 떴다.

"중화 민족에게 닥친 가장 위험한 시기에 … 일어나라! 일어나라!"

중국 애국가인 <의용군 행진곡>에도 나오는 '중화 민족'이라는 개념을 처음 제시한 사람도 바로 량치차오다. 지금은 중국에서 가장 흔하게 쓰이는 말이지만, 량치차오에 의해 제안되기 전에는 쓰이지 않았다. 1901년 그가 쓴 『중국사 서론』에서 처음으로 '중국 민족'이라는 개념이 나왔고, 그 뒤 1902년과 1905년에 쓴 글들에서 중화 민족이라는 개념을 정식으로 제안하고 체계화시켰다. 그는 '중화 민족은 원래부터 하나의 민족으로 구성된 것이 아니라 만주족과 몽골족, 회족, 장족 등 다민족이 혼합되어 형성된 민족'이라는 '다원 일체의 중화 민족'이라는 개념을 처음으로 제시했다.

량치차오의 묘지를 거닐 때마다 자주 떠올리는 것은 그의 거대한 사상과 인생 역정이 아니다. 청춘의 절정기였던 1898년, 캉유웨이와 함께했던 무술변법에 실패하고 서태후 일파의 대대적인 반격과 체포령을 피해 일본으로 도망간 청년 량치차오가 일본에서 처음으로 했던 일은 공상 소설 쓰기였다. 망해 가는 조국을 변화시키고 구하는 일에 실패한 뒤 목숨의 위협까지 받은 량치차오는 총칼이 아닌 펜을 들고 정치 공상 소설을 썼다. 그가 적국이자 망명지였고 새로운 선진 사상의 학습처가 되었던 일본에서 완성한, 20세기 중국의 첫 정치 공상 소설『신중국 미래기』는 이렇게 시작된다.

"이 이야기는 공자 탄생 후 2513년째 해인 서기 2062년 임인년 정월 초하루에서 시작하는데, 바로 중국 전 인민이 유신 50주년 대축제를 거행하는 날이었다."51

그가 말한 2062년은 사실 '1962년'을 잘못 표기한 것이다. 계산하면 1962년이 공자 탄생 후 2513년째 되는 해이고, 1912년 중화민국 건국 후 50주년이 지난 시점이다. 이 소설은 이날 행사에서 강연자로 나선 쿵 선생이 오늘날 입헌 국가가 된 신중국의 미래를 위해 가장 헌신하고 분투했던 헌정당의 역사와, 그 핵심 인물이었던 황커창과 리취빙 사이에 치열하게 오갔던 정치사상 논쟁을 청중에게 들려주는 것을 주 내용으로 한다. 사실 소설이라고 하기에는 엉성하고 유치한 형식이지만 신중국의 미래에 관한 논쟁 내용은 지금 읽어도 전혀 이론적으로 뒤떨어지거나 촌스럽지 않다. 이 소설 속에 등장하는 황커창과 리취빙은 사실 량치차오 사상의 분신 같은 존재로, 그가 고민하고 구상했던 신중국의 미래가 그 두 사람의 논쟁을 통해 펼쳐진다.

"형, 지금 중국이 중국인의 중국이라고 할 수 있나요? … 우리 중국의 미래 어디에 다시 하늘을 볼 희망이 있겠습니까? … 나는 서양인들이 중국은 마치 삼십 년 동안 청소하지 않은 외양간처럼 내부에 똥이 가득 차 그 속을 알 수 없다고 말하는 걸 항상 들었습니다. 이 말은 악독하기는 하지만 정확한 비유입니다. 형, 생각해 보세요. 청천벽력 같은 수단을 사용해 서양 의학에서 전염병 균을 치료하듯 깨끗하게 쓸어버리지 않으면 이곳에 계속 살 수 있을까요?"

"아우야, 네가 혁명하려고 하지만 이게 너 혼자 할 수 있는 일이더냐? … 정치사상이 없는 국민이 민권을 획득하는 것을 본 적이 있느냐? 민권은 물론 군주나 관리가 국민에게 양도하거나 두세 명의 영웅이 빼앗아 국민에게 줄 수 있는 것이 아니라 국민 스스로 희망하고 추구해야 하는 것이다. … 지금의 민덕과 민지, 민력의 수준으로는 국민과 혁명을 논할 수 없다. 네가 날마다 외치며 뛰어다닌다 해도 혁명은 결코 이루어질 수 없을 것이다."52

○ ○ ○

　사회주의 신중국을 건설했던 마오쩌둥은 과거에 량치
차오를 용두사미형 인간이라고 평가한 적이 있다. 시작은
혁명 사상으로 창대했으나 말년엔 다시 보수적인 유교와 전
통 사상으로 복귀한 량치차오의 궤적을 빗대서 한 말이다.
그렇게 따지자면 마오 본인도 용두사미형 혁명을 하지 않
았나. 출발은 창대했으나 대약진운동과 문화대혁명 등으
로 국가와 인민의 삶을 파탄 냈으니 말이다. 셰시장은 『량
치차오 평전』 말미에 다음과 같은 의미심장한 글을 썼다.

　"그리하여 국민의 나라가 당(黨)의 나라로 변하고 말
았으니 이것이 진실로 중화 민족의 최대 불행이었다."[53]

　엉뚱한 이야기지만, 나는 량치차오보다 천안문 광장
한복판에서 하루 종일 유리관 속에 누워 온갖 사람들에게
전시되는 마오쩌둥의 사후 팔자가 더 측은해 보인다. 량치
차오는 생전에는 실패한 개혁가였지만, 죽어서는 세상에
서 가장 아름다운 묘지에 누워 신중국의 미래를 보고 있지
않은가. 하지만 마오는 묘지도 없이 죽어서도 묻히질 못하
고 있다. 그가 누워 있는 천안문 광장은 온갖 감시의 눈길
이 득실거리는, 베이징에서 가장 삼엄한 장소가 돼 버렸다.

나는 사시사철 아름다운 량치차오의 무덤가로 놀러 가서
생의 아름다움을 만끽할지언정 공포로 가득 찬 마오의 '묘
지'를 구경 가고 싶지는 않다.

지금은 사라진
황제들의 슬픈 정원

> 허송세월하는 나는 봄이면 자전거를 타고 남한산성에서
> 논다. 그 갇힌 성 안에서는 삶과 죽음, 절망과 희망이 한 덩
> 어리로 엉켜 있었고, 치욕과 자존은 다르지 않았다.[54]

코로나19로 허송세월하던 나는 겨울이 돌아오자 베이
징 원명원에 가서 자주 놀았다. 원명원 안에는 푸하이(福
海)와 첸하이(前海)라는, 바다처럼 큰 호수가 있다. 이곳에
는 오스트레일리아에 주로 서식한다는 흑조 가족이 산다.
2008년 2월 23일 우연히 원명원으로 날아온 흑조 한 쌍이
호숫가에 둥지를 틀고 살기 시작하더니 새끼들을 낳아 거
대한 일가족을 이뤘다.

사람들은 1년 내내 흑조 가족을 보기 위해 원명원을
찾는다. 특히 여름이면 만개한 연꽃이 호수를 뒤덮어 거대
한 연꽃 궁전으로 변해 하루 종일 놀다 간다. 김훈이 봄이

면 자주 가서 논다는 남한산성은 "먼 성벽이 하늘에 닿아서 선명했고, 성안에 봄빛이 자글거렸다."고 한다.

내가 자주 놀곤 하는 원명원에는 호숫가 주변으로 길게 목을 늘어뜨린 수양버들이 바람에 흔들릴 때마다 참았던 긴 울음을 토해 내는 듯한 환청이 자글거린다. 햇살 아래서 곤한 낮잠을 자던 어린 흑조는 호수 위로 파동쳐 오는 울음소리에 놀란 듯 접었던 까만 날개를 다시 펴고 슬픔의 진원지를 찾아 두리번두리번 한다.

울음소리는 첸하이와 푸하이 주변을 둘러싼 담장 위로 길게 뻗어 나가고, 황제와 황후들이 노래를 듣고 뱃놀이를 구경하던 펑라이야오타이(蓬萊瑤臺)★의 폐허 위에도 머물러 있다. 박해받던 유대인들이 모여 울고 갔다는 '통곡의 벽'이 예루살렘에 있다면, 원명원은 베이징에 있는 중국인들의 '통곡의 벽'이다.

★ 푸하이 중앙에 있는 섬으로 신선들이 살았다는 전설이 내려온다.

○ ○ ○

함풍제가 직면한 위기는 실로 엄중한 것이었다. 그는 연안 지역으로 침투해 오는 서양 세력의 위협에 맞서야 했고, 서남 지역을 중심으로 청 왕조의 체제 전복을 꾀하는 태평천국운동 세력들을 상대해야 했다. 원명원에 기거하던 그는 한밤중까지 고단한 국사에 시달리며 노심초사했을 것이다. 어느 날, 그는 천단에 가서 제사를 지내기로 한 전야에 꺼억꺼억 긴 통곡을 했다.[55]

청나라의 9대 황제인 함풍제는 짧은 재위 기간(1850~1861년) 동안 청나라의 본격적인 쇄락과 몰락을 앞당겼다. 1856년 중국 광둥에서 발생한 애로호 사건* 이후, 영국과 프랑스는 사사건건 트집을 잡고 빌미를 만들어 중국에서 자신들의 정치경제적 이권을 극대화하려고 했다.

함풍제가 통치하던 청나라 황실은 18세기 이후 중상

---

* 중국 관리들이 영국 선적 애로호에서 밀수범을 색출한다는 명목으로 배에 들어가 관련 중국인 선원들을 체포하고 배에 달린 영국 국기를 끌어 내린 사건. 서양 열강이 본격적으로 중국을 침략하는 도화선이 되었다.

주의를 강화하며 해외 식민지를 개척하던 서구 열강 중심의 새로운 국제 질서를 전혀 눈치 채지 못했다. 그들은 중국이 여전히 (세계 정치·경제·문화의 중심이라는) '천조상국' (天朝上國)이라 여기며, 이미 총포 등 선진 무기를 앞세워 세계 곳곳을 식민지로 만들어 가던 서구 열강의 공격적인 세계관을 읽지 못하고 곳곳에서 그들과 불필요한 마찰과 충돌을 일으켰다.

6대 황제 건륭제(1711~1799년) 때부터 이미 파국을 막을 수많은 기회가 있었음에도 불구하고, 그들은 중국 안에 갇혀서 중국 밖의 세계를 이해하려고 하지 않았다. 그들은 세상에서 가장 아름다운 황실 정원인 원명원을 만들고, 그 안에 살면서 다른 세상을 보지 못했던 것이다. 함풍제는 그런 사실을 뒤늦게 깨닫고 원명원 내 아방궁에서 밤새도록 통곡했지만, 원명원이 '야만인들'의 손에 불타는 걸 막을 수는 없었다.

원명원은 청나라 4대 황제인 강희제가 통치하던 시절 만들어진 황실 정원 궁전이다. 그 후 옹정제와 건륭제, 함풍제 등을 거치며 대대적인 투자와 확장을 해서 '만국의 정원'이라는 별칭을 얻을 정도로 동서양의 조경이 조합된, 완벽한 풍광을 자랑하는 장소가 되었다. 원명원에 관한 소문은 멀리 유럽까지 퍼져서 서양인들은 '동방의 베르사유 궁전'이라 이름 붙이며 그 아름다운 정원 궁전을 보고 싶어 했다. 강희제 이후 청나라 황제들은 베이징 중심에 있는 자금성 대신 대부분의 시간을 원명원에서 보냈다. 황후와 후궁들의 거처도 원명원으로 옮겨 왔고, 굳이 필요한 일이 아니면 원명원 밖을 나가지도 않았다.

강희제 이후 원명원은 사실상 자금성을 대신하는 중국 정치의 중심지가 되었다. 높은 성벽으로 겹겹이 에워싸인 구중궁궐에서 온갖 음모와 술수, 간신이 판을 치는 자금성에서는 하루도 편히 숨을 쉴 수 없었던 황제들은 원명원의 탁 트인 하늘과 넓은 호수, 우거진 산림 속에서 노래와 시를 짓고 뱃놀이를 하며 인생의 평범한 즐거움을 마음껏 누렸다.

원명원을 처음 만든 강희제 이후 모든 황제의 소망은 원명원에서 태어나 살다가 원명원에서 죽는 것이었다. 따라서 1860년 영국-프랑스 연합군이 원명원을 강탈하고 불태웠을 때, 그것은 중국을 지탱하던 가장 중요한 '중심'이 무너지는 것이었고, 황제들의 세계가 사라지는 것을 의미했다.

영국-프랑스 연합군이 노렸던 것도 바로 그것이었다.

자금성이 아닌 원명원을 점령해서 불태우는 것이 중국 황제들의 심장에 직접 칼을 꽂아 항복을 이끌어 내는 일임을 알았다. 원명원이 불타고 있을 때, 멀리 열하(지금의 허베이 청더)로 도망가 있던 함풍제는 그 소식을 듣고 시름시름 앓다가 1년 뒤 그곳에서 쓸쓸하게 죽었다. 함풍제를 비롯해 그 전의 황제들이 조금만 더 주의 깊게 세계를 관찰하는 눈을 가졌더라면 원명원은 불타지 않았을지도 모른다.

1792년 영국 황실은 건륭제의 83세 생일 축하연을 빌미로 외교관인 조지 매카트니를 중국에 파견했다. 실질적인 목적은 청나라와의 무역 관계를 확대하기 위해서였다. 동남아 곳곳에 이미 여러 동인도 회사를 세워서 상업적 이익 확장을 모색하던 영국은 아시아 최대 강국인 중국에서 미래의 이익을 확보하고자 했다. 하지만 청나라 황실과 관료들은 매카트니 일행을 단순히 진귀한 선물을 들고 온 외국 축하 사절단으로만 여기고 '예를 갖춰' 접대했다.

건륭제와 대면한 매카트니가 처음으로 부딪힌 문화적 충돌은 황제를 알현하는 법도에 관한 것이었다. 황제를 알현하려면 먼저 땅바닥에 세 번 무릎을 꿇고 아홉 번 머리를 조아리며 황제에게 절을 하는 게 중국의 법도였지만, 영국인 매카트니에게는 치욕스럽고 굴욕적인 행위였다. 하지만 중국과의 통상 무역 확대라는 대어를 낚기 위해 매카트니는 굴욕을 참고 건륭제 앞에서 무릎을 꿇고 머리를 조아렸다.

그런 후 매카트니는 연안 지역에서의 통상 확대를 요구했지만 건륭제는 일언지하에 이를 거절했다. 천조상국인 중국은 영국과 무역을 해야 할 만큼 부족한 물자가 없다고 생각했으며, 그들에게 한번 문을 열어 주면 그때는 머리를 조아리기는커녕 자신들의 법도를 따르지 않을 것이라고 여겼기 때문이다.

영국 사절단이 건륭제 83세 생일에 들고 온 선물은 당시 가장 선진적인 무기였던 야전포였다. … 건륭제는 당시 영국과 네덜란드 등 유럽인이 중국에 나타난 것의 역사적 중요성을 인식하지 못했다. 건륭제뿐만 아니라 주변의 관료들 중 누구도 영국인이 진상 선물로 가지고 와서 원명원 안에서 일부러 공개 전시를 한 총포 등 선진 무기의 잠재적 위협을 인식하지 못했다.[56]

매카트니 일행이 아무런 수확 없이 베이징을 떠난 후, 그들이 가지고 온 '선물들'은 여전히 원명원 안에 고이 보관되었다. 그리고 수십 년이 흘러 그것은 곧바로 중국을 겨누는 진짜 무기가 되었다. 연합군은 그 무기를 이용해 원명원을 불사르고 보물을 강탈했다. 원명원이 불타던 날, 치솟아 오르는 불길과 연기를 보며 베이징 안에 있던 수많은 민중과 선비들은 함풍제가 울던 날 밤처럼, 밤새도록 울음을 멈추지 않았다고 한다.

○ ○ ○

2019년 4월 15일, 프랑스의 역사이자 파리의 상징인 노트르담 성당이 불에 탔다. 프랑스인들은 불타는 노트르담 성당 앞에서 망연자실했고 밤새도록 파리 곳곳에서 울음소리가 그치질 않았다. 마치 160여 년 전 원명원이 불타던 날과 기묘하게도 오버랩되는 장면이었다. 그날 전 세계인들은 프랑스와 파리에 슬픔을 표하고 아픔을 공감한다고 했지만, 일부 중국의 네티즌들은 160여 년 전 원명원을 불사르고 보물을 강탈해 간 프랑스의 만행을 지적하며 인과응보라는 반응을 보이기도 했다.

원명원 내 파괴된 서양루 입구에는 다소 생뚱맞은 빅토르 위고의 조각상이 세워져 있다. 빅토르 위고는 한 번도 원명원에 와 본 적이 없다. 그의 동상이 그곳에 세워진 이유는 영국-프랑스 연합군이 원명원을 불살랐다는 소식을 듣고 빅토르 위고가 이를 통렬히 비판했기 때문이다. 빅토르 위고는 영국-프랑스 연합군을 '두 도적'으로 비유하며 "두 도적떼가 저지른 야만적인 짓"이라고 통탄했다.

중국인들은 빅토르 위고의 이 말을 몹시 사랑한다. 그래서 2010년 서양루 앞에 위고의 얼굴 조각상을 세웠다. 국가를 초월한 위고의 위대한 인류애 정신을 기리기 위해서다. 노트르담 성당 화재를 보면서 지난날 원명원이 불타는 장면을 떠올리는 중국인들의 복잡한 심정은 이해가 가고도 남지만 중국인에게 필요한 정신 또한 빅토르 위고로 대표되는 포용과 관용, 인류애 정신이다. 불타는 노트르담 앞에서 통곡하는 프랑스인들을 향해 '역사의 인과응보'라고 비웃는다면, 중국이 티베트와 신장웨이우얼 지역에서 저지르고 있는 문화 학살과 인권 탄압은 어떻게 이해받을 수 있을까.

18세기 이후 변화하는 세계 질서를 읽지 못했던 청나라 황제들과 중국인들은 불타는 원명원 앞에서 그저 통곡할 수밖에 없었고, 서양 열강의 선진 무기 앞에 무릎을 꿇고 머리를 조아려야 했다. 그 뒤 중국은 지난 100여 년간의 치욕을 잊지 않고 부단히 노력해서 '중국몽'을 이루는 데 성공했다. 하지만 중국의 일부 정치인들과 중국인들은 지금도 여전히 세계를 천조상국의 관점으로 읽고 있다. 천조상국의 관례와 법도를 내세우며 매카트니를 무릎 꿇린 건륭제처럼 주변국들을 향해 다시 21세기 중국 중심의 세계 질서를 받아들이라고 으르렁거린다.

코로나 시절을 허송세월하는 동안 나는 종종 원명원에 가서 놀면서 길고 긴 '통곡 소리'가 곳곳에서 들려오는 환청에 시달렸다.

개와 중국인은 출입 금지였던 곳,
베이징 둥자오민샹

1894년 2월, 31세의 젊은 오스트레일리아 청년이 배를 타고 일본을 거쳐 상하이로 왔다. 그는 양쯔강을 거슬러 올라가 충칭으로 간 다음, 중국인처럼 변장을 하고 다시 중국 서부 지역으로 가서 미얀마(당시 버마)와의 국경 지대까지 갈 생각이었다. 하지만 그 여행은 그의 인생을 뒤바꿔 놓았고, 죽어서도 그의 묘비명에는 '베이징의 모리슨'으로 남았다.

그는 나중에 영국 『타임스』의 중국 특파원으로 일하면서, 러시아의 만주철도 부설과 관련해 세계적 특종을 하며 중국에 대한 러시아의 야심을 폭로하기도 했다. 이 기사가 기폭제가 되어 러일전쟁이 폭발하자 사람들은 그 전쟁을 '모리슨의 전쟁'이라고 불렀다. 1912년까지 『타임스』 특파원으로 일하는 동안 그는 중국 근대사의 가장 격동적인 순간들을 목격하고 취재했다. 나중에 그는 위안스카이가 초대 총통이 된 중화민국의 정치 고문을 지냈고, 1918년 제1차 세계대전 종결 뒤 파리강화회의에 중국 정부를 대표하는 기술 고문 자격으로 참가했다가 병을 얻어 1921년 영국에서 병사했다. 그가 바로 중국 근현대사에서 가장 유명한 외국인 중 한 명인 조지 모리슨이다.

훗날 『1894, 중국 기행』이라는 책에서 모리슨은 자신의 첫 '중국 상륙' 당시의 느낌을 이렇게 썼다.

> 나 역시 다른 나의 동포들과 마찬가지로 중국인들에 대한 강렬한 종족 혐오감을 품은 채 중국에 도착했다. 하지만 그런 감정은 일찌감치 진심 어린 동정과 감사하는 마음으로 바뀌었다.[57]

중국인에 대해 '종족 혐오감'을 품었던 그가 나중에 진심 어린 동정심을 가지게 된 것은 중국에 도착한 후 중국과 중국인들이 제국주의 그늘하에서 겪고 있던 갖가지 참상을 목격했기 때문이다.

비슷한 시절 1895년 이른 봄, 베이징으로 과거 시험을 보러 가던 캉유웨이는 일본군 순사들이 자신이 타고 가던 배를 기습 수색하자 극심한 민족적 모멸감을 느낀다. 청일

전쟁에서 일본에 패한 후, 중국인이 일상적으로 맞닥뜨려야 했던 제국주의의 횡포였다. 조너선 스펜스가 쓴 『천안문』[58]은 캉유웨이가 배 안에서 당한 민족적 모멸감으로 시작한다. 그는 그날의 모멸감을 뼈아프게 기억하고, 훗날 광서제를 설득해 량치차오 등과 함께 무술변법 운동을 주도하며 중국의 자강과 정치 개혁을 꾀했다. 1895년 5월, 드디어 배에서 내려 베이징에 도착한 캉유웨이가 목격한 중국의 수도 베이징의 첫 인상은 이랬다.

> 베이징의 어느 골목이나 거지들이 득실거린다. 돌봐 줄 사람 없는 노인, 거지, 병자, 불구자들이 길바닥에 쓰러져 굶주리며 죽어 가도 누구 하나 거들떠보는 사람이 없다.[59]

그로부터 20년이 더 지난 후에도 베이징에는 여전히 거지들과 굶어 죽어 가는 사람들이 득실댔다. 중국 공산당 창시자 중 한 명이자 중국에 마르크스주의 사상을 들여오고 전파했던 정치가이자 사상가 리다자오는 1921년 3월 5일 발행된 잡지 『신생활』에 당시 베이징의 일상을 이렇게 묘사했다.

베이징에서는 매일 저녁을 먹을 때마다 고막을 찢는 듯한 극도로 비참한 소리가 들려온다. 그것은 부잣집의 남은 음식을 애달프게 구걸하는 소리다. 그 소리는 한밤중까지 쉴 새 없이 이어진다.

1860년 아편전쟁 패배 이후 제국주의 열강이 자신들의 입맛대로 중국을 갈라 먹고 있을 때, 대다수 중국인들은 거지보다 못한 삶을 살고 있었다.

하지만 당시 거지가 들끓는 베이징을 천국의 도시로 여겼던 사람들도 있다. 베이징 공사관 구역이었던 둥자오민샹에 살고 있던 외국인들이다. 1897년 3월 15일 베이징 둥자오민샹 외교 구역에 집을 얻은 모리슨은 당시 그곳의 풍경을 일기에 이렇게 기록하고 있다.

11개국의 대사관이 다닥다닥 서로 맞붙어 있었고 삼면이 온통 성벽으로 둘러싸여 있었다. 대사관 안에는 자신들의 상점과 은행, 호텔, 교회와 성당, 구락부, 극장과 운동장 등이 있었다. … 그들은 각종 연회와 무도회, 잡담과 골프 등을 통해 고향에 대한 그리움을 달랬다. … 그들은 중국인의 풍속 습관, 언어와 감정 등에 대해서는 전혀 신경 쓰지 않

앉고 이해하려고 하지도 않았다.[60]

세계적인 중국 연구 권위자인 존 킹 페어뱅크도 그의 저서 『차이나 워치』에서 "1901~1937년 사이, 베이징에 사는 유력한 영국인이라면 자신이 하고 싶은 일, 상상만 하던 일을 실현할 수 있는 최대한의 자유를 누렸고, 그 결과에 대한 책임은 거의 지지 않아도 됐다."고 서술했다.[61]

둥자오민샹은 당시 베이징에 사는 외국인들에게 지상 천국의 공간이었지만, 중국인들에게는 '개와 중국인은 출입금지' 구역이 된, 제국주의의 아픈 상처가 남아 있는 곳이다. 둥자오민샹 주변에는 천안문 광장과 자금성이 있고, 인민대회당과 역사박물관, 첸먼 등 중국의 가장 중요한 정치적 장소와 공간들이 밀집해 있다. 또한 그 일대는 중국의 영광과 몰락의 역사가 응축되어 있으며, 재건과 부흥 그리고 21세기 강대국으로 가는 시진핑 시대 중국몽의 서사가 깃들어 있는 곳이다. 2021년 7월 1일 시진핑 주석은 둥자오민샹이 내려다보이는 천안문 성루에 올라 '공산당 창당 100주년' 기념 연설을 하며 "그 어떤 외세도 [강국으로 가는] 중국의 앞길을 가로 막을 수 없다."고 천명했다. 마치 100년 전인 1901년 신축조약 이후 제국주의 열강의 해방구가 되었던 둥자오민샹을 향해 퍼붓는 분노의 일침 같았다.

둥자오민샹은 원래 '둥장미샹'(東江米巷)으로 불렸던 곳으로, 원나라 때 운하를 이용해 남쪽에서 운반되어 온 양식을 보관하던 세무서와 해관이 있었다. 이곳에서 양식이 매매되고 거래되었는데, 중국 북방에서는 찹쌀을 장미(江米)라고 불렀기 때문에 이 일대 동쪽과 서쪽 골목인 둥장미샹과 시장미샹을 합쳐서 장미샹이라고 불렀다. 그러다가 명나라 때부터 이 지역에 주로 외교 업무를 담당하던 정부 기관들이 들어서기 시작했고, 1840년 청조 시대에는 회통관(會同館)이라 불린, 외국 사절단과 손님들이 주로 머무는 장소가 생겼다. 회통관이 청조 시대 베이징의 외교 활동 무대가 되면서 둥장미샹은 외국인들이 밀집하는 거리로 발전했고 나중에는 베이징의 공사관 구역으로 정착했다.

둥자오민샹이 본격적인 외교 특구가 된 것은 1860년 아편전쟁 이후 영국, 프랑스와 베이징 조약을 맺은 이후다. 1861년부터 1873년까지 영국·프랑스·러시아·미국·독일·벨기에·스페인·이탈리아·일본·네덜란드 등 총 11개 국가가 둥자오민샹에 자국 공사관을 설치했다. 그 후 1901년,

베이징과 화북 지역을 중심으로 일어난 의화단운동의 여파로 청조 정부는 제국주의 열강과 신축조약을 체결했고, 둥자오민샹은 공사관 거리로 개명되었다. 그리고 신중국이 건국되기 전까지 이곳은 '개와 중국인은 출입금지'인, 외국인 및 외교관 전용 특구가 되었다. 각국은 자국민과 외교 인력 보호를 구실로 군대를 파병할 권리도 있었다. 모리슨이 일기에 썼듯이, 그곳에는 각국의 은행과 호텔, 종교 시설, 병원, 각종 오락 장소 등이 들어섰고 어떤 '불법'도 모두 허용되었다.

일례로 1988년 화재로 전소된 육국반점(六國飯店)은 당시 둥자오민샹에서 가장 호화롭고 유명한 호텔이었다. 영국 등 6개국 자본으로 건설된 그곳에서는 각국의 스파이 전쟁과 첩보전, 요인 암살 등 모든 '영화 같은' 일들이 펼쳐졌고 공산주의 혁명가들에게는 피난처가 된 장소이기도 하다. 불타 버린 육국반점을 제외하고 당시 둥자오민샹 안에 세워졌던 거의 모든 서양식 건물과 장소는 지금까지도 그대로 보존되어 '애국주의 교육 기지'로 활용되고 있다. 이 거리를 걷는 중국인들은 치욕의 역사를 절대 잊지 말자고 두 주먹 불끈 쥐며 자녀들에게 '강한 중국만이 살 길'이라고 가르치고 있다.

1949년 1월 31일, 국민당과의 내전에서 승리한 인민해방군은 국민당으로부터 베이징을 '접수'한 뒤 해방을 선언했다. 2월 3일 인민해방군의 성대한 베이징 입성식을 앞두고 마오쩌둥은 한 가지 중요한 지침을 하달했다.

　　"해방군은 반드시 둥자오민샹 앞을 지나가라."

　　마오쩌둥은 둥자오민샹이 가지고 있는 상징적 의미를 잘 알고 있었다. 해방되기 전 그곳은 '중국 속 외국'이자 중국인과 중국 군대가 들어갈 수 없는 장소였기 때문이다. 그곳을 지나가야만 비로소 진정한 해방이 이루어진다고 여겼다. 마오쩌둥은 둥자오민샹을 일컬어 '중국인의 얼굴에 난 상처'라고 했다. 그는 반드시 철저하게 그 상처를 도려내야 한다고 강조했다.

　　1949년 사회주의 신중국을 선포한 후 마오쩌둥이 가장 먼저 한 일도 바로 둥자오민샹을 '청소하는 일'이었다. 당시 마오쩌둥은 신중국의 가장 중요한 세 가지 외교 방침을 발표했는데, 그것은 '집안을 깨끗이 청소한 후 손님을 초대하기', 구정권과 맺었던 모든 외교 관계와 조약을 취소하고 새로운 외교 관계를 맺는 것, 사회주의 진영과 세계 평화 민주 진영의 편에 서는 것이었다. 이 방침에 따라 그동안 외세가 점령하고 있던 모든 건물과 주둔 병력 등을 회수하고 기존의 모든 불평등조약을 취소한다고 선포했다. 신중국의 이 방침을 인정하지 않는 국가는 둥자오민샹 안에서 일주일 내로 모든 인력을 본국으로 철수해야만 했다.

영국은 가장 먼저 신중국의 방침을 인정해서 철수 기간을 3개월로 연장받았다. 하지만 당시 미국은 이에 아랑곳하지 않고 버티며 오히려 저우언라이 총리에게 서한을 보내 "신축조약 체결 후 미국은 둥자오민샹에 병력을 주둔시킬 권리가 있으므로 중국은 이런 미국의 권리에 대해 그 어떤 침해나 간섭도 해서는 안 된다."는 으름장을 놓기까지 했다. 서한을 즉시 반송한 중국 정부는 미국에 "미국과 신중국은 그 어떤 정식 외교 관계가 없기 때문에 둥자오민샹 내에 있는 미국 대사관은 이 문제를 가지고 협상할 자격이 없다. 너희들이 주장하는 그 권리는 제국주의 시기의 불평등조약이며 지금의 신중국과 관계가 없다."며 "당장 중국을 떠나라."고 호통을 쳤다. 끝까지 버티다 결국 보따리를 싸고 떠나야 했던 미국은 그 뒤 약 20년이 지난 1972년 다시 중국과 외교 관계를 맺고 베이징으로 돌아왔지만, 그때 베이징 둥자오민샹은 이미 '깨끗이 청소된 후'였다.

2021년 7월 1일, 중국공산당 창당 100주년을 맞아 천안문 광장에서 전 세계를 향해 마치 '선전포고'를 하듯이 성대한 기념식을 연 자리에서, 시진핑 주석은 지난 100년 간 중국공산당이 이룬 성과를 한마디로 이렇게 정리했다.

"지난 100년간 우리 당과 인민들의 부단한 노력과 분투를 통해 우리는 드디어 중화 민족의 위대한 부흥을 실현했습니다."

그리고 그는 두 주먹을 불끈 쥐고 전 세계를 향해 선포했다.

"중국 인민들은 절대로 그 어떤 외세도 우리를 괴롭히고 억압하며 노예로 만드는 것을 허용하지 않을 것이다. 이것을 꾀하는 자들은 14억이 넘는 중국 인민들의 피와 살로 만든 강철 만리장성에 머리가 깨져 피가 낭자하게 흐르게 될 것이다."

모리슨과 캉유웨이가 다시 베이징에 '상륙'한다면 그들은 어떤 인상을 받을까. 100년 전 그들이 목격한 중국은 제국주의 그늘에서 신음하는 상처투성이 얼굴을 한 불쌍하고 모멸적인 존재였다. 100년 후 그들이 둥자오민샹 거리에서 중국을 다시 만난다면 어딘가 '제국주의를 닮아 가는' 얼굴을 발견하게 될까.

대만인, 중국인
그리고 덩리쥔

동갑내기 학부모 푸메이 부부는 둘 다 대만인이다. 아이들이 어릴 때, 사업 확장을 위해 대륙의 수도 베이징으로 이주해 10여 년을 살았다. 사업은 별 탈 없이 상승세를 이어 갔지만, 아이들이 자라면서 교육이 가장 큰 난제로 등장했다. 대만 아이들이 중국에서 학교를 다니려면 중국 정부의 '하나의 중국' 정책상 대만 동포 신분으로 학교를 다녀야 한다. 홍콩과 마카오를 비롯해 아직 통일되지 않은 대만의 동포도 중국법상 모두 '중국인'에 해당하므로 그들의 자녀는 외국인 자녀가 다니는 국제학교 입학이 원칙적으로 불가능하다. 대만 동포 자격으로 중국 공립학교를 다녀야 한다.

하지만 푸메이 부부는 애초 아이들에게 중국식 교육을 하고 싶지 않았다. 초등학교는 그나마 중국 국적 아이들도 입학이 가능한 몇몇 중·영 쌍어(중국어와 영어를 함께 사용하는) 학교에 보낼 수 있었지만 성에 차지 않았다. 그러다 큰아이가 중학교에 들어갈 나이가 되면서 본격적인 교육 문제 '현타'가 오기 시작했다. 중국 현지 공립학교를 제외하고는 받아 주는 국제학교가 없었다. 2016년 민주진보당(민진당)의 차이잉원이 대만 총통에 당선된 뒤 양안 관계가 갈수록 악화되자 그동안 모른 척 받아 주던 쌍어 국제학교들도 죄다 입학을 거절했다. 갈 수 있는 학교는 대만 동포 자격으로 허용되는 중국 공립학교뿐이었다. 많은 고민 끝에 푸메이 부부는 아이들 교육을 위해 중국에서 철수하기로 결정하고 고향 대만으로 돌아갔다.

중국을 떠나기 전에 마지막으로 만난 푸메이 부부에게 "우리 아들도 중국 공립학교에 다니는데 마음을 비우면 그럭저럭 다닐 만하다."고 말하며 중국과 '헤어질 결심'을 다시 한 번 생각해 보라고 설득했지만 그들의 입장은 단호했다.

"우리는 대만인이고 아이들도 대만인이에요. 그런데 왜 우리 아이들이 중국식 교육을 받아야 할까요?"

그들은 그렇게 10년 이상 정착했던 베이징을 떠났다. 이유는 오직 하나, '대만인'의 정체성을 지키기 위해서였다.

○ ○ ○

1995년 5월 8일, 타이 치앙마이에서 42세의 덩리쥔(등
려군)이 사망했다는 비보가 전해졌다. 덩리쥔의 고향인 대
만은 충격에 빠졌다. 당시 덩리쥔은 아시아 가수로는 거의
유일하게 세계적인 슈퍼스타였다. 우리나라에는 영화
<첨밀밀>(2001년)이 개봉된 이후 뒤늦게 알려졌지만 당
시 동남아시아와 일본, 미국, 유럽 등지에서는 모르는 사
람이 없었다. 현 중국 국가주석 시진핑도 자신이 젊은 시
절에는 매일 덩리쥔의 노래만 들었다고 고백했을 정도로
그의 인기는 중국 대륙에서도 뜨거웠다. 하지만 중국에서
는 덩리쥔의 노래를 '정신 오염'이라는 이유로 1983년까
지 합법적인 유통을 금지했다.

당시 중국 정부가 덩리쥔의 노래를 금지한 가장 중요
한 '정신 오염'적 요소는 그의 노래와 그가 지향하는 '정체
성'에 문제가 있었기 때문이다. 덩리쥔이 생각한 가장 이
상적인 '하나의 중국'은 대만 국민당이 통치하는 과거 중
화민국으로의 수복이었다. 덩리쥔의 부모는 각각 중국 허
베이와 산둥성 출신의 대륙인으로, 1949년 공산당과의 내
전에서 패배한 국민당 군대를 따라 대만으로 이주한 외성

인이었다.

외성인은, 제2차 세계대전이 끝나고 대만이 약 50년 간의 일본 식민통치*에서 해방된 뒤, 주로 중국 대륙 등에서 대만으로 새로 이주한 사람을 부르는 말이다. 이에 반해 본성인은 제2차 세계대전 전까지 줄곧 대만에서 나고 살아왔던 사람들을 가리키는데, 일반적으로 1990년대까지 대만에서는 본성인이 곧 대만인과 같은 의미로 쓰였다.

본성인은 다시 한족 계통 본성인(주로 민난어를 쓰는 푸젠성 출신과 객가어를 쓰는 객가인)과 토종 원주민 계통 본성인으로 나뉜다. 대만 원주민은 대만이 1685년 무렵 중국 청나라에 정식으로 복속되기 전부터 대만에 살던 토착민이다. 차이잉원 대만 전 총통의 부모는 모두 민난어를 쓰는 한족 계통 본성인이지만, 그의 할머니는 파이완족이라고 부르는 고산족 계열 원주민이다. 이런 '출신 성분' 때문인지는 몰라도 차이잉원은 2016년 총통 재임 뒤 지금까지 줄곧 자신을 중국인이라고 하기보다는 대만인이라고 강조했다.

1995년 5월 8일 치앙마이에서 사망한 덩리쥔의 유해

* 1895년 중국은 청일전쟁에서 패하고 시모노세키조약에 따라 대만을 일본에 넘겨주었다.

는 고향 대만으로 돌아왔고 5월 28일 타이베이에서 유례 없이 성대한 정치적 장례가 치러졌다. 그의 장례식에는 대만의 정치·경제·군사 등 모든 분야의 요인이 총집결했다. 덩리쥔의 유해를 덮은 관 위로 국민당 당기와 대만 국기인 청천백일홍기가 덮였다. 그는 죽어서 대만의 민족의식을 고취한 '애국 예인'으로 추서됐다.

그해 12월에는 우리나라 국회의원 선거에 해당하는 대만 입법위원 선거가 예정됐고 다음해인 1996년 3월에는 대만 역사상 최초의 직선제 총통 선거가 치러질 계획이었다. 당시 총통은 1988년 숨진 (장제스의 아들) 장징궈를 계승한 리덩후이였다. 리덩후이는 덩리쥔의 장례식을 여러 정치적 목적에 활용했다. 그는 외성인 출신인 덩리쥔의 명성과 인기를 활용해, 국민당 내에서 본성인 출신이라는 자신의 정치적 약점을 극복하고 대만 최초의 직선제 총통이 되려 했다. 계획대로 그는 총통이 됐다.

리덩후이는 1923년 일본 식민지 시절 객가인 출신 아버지와 푸젠성 출신 어머니 사이에서 태어난 본성인으로, 대만 정치사상 최초의 본성인 출신 총통이다. 리덩후이는 "지금까지 대만의 모든 정치권력은 외래에서 온 사람들이 장악했다. 국민당 역시 외래 정권이다. 그들은 대만인을 통치하기 위해 대만에 온 사람들이다."라고 발언하며 '대만인에 의한 대만 통치' 논쟁에 불을 붙였다. 그는 대만과 대만인의 정체성을 재정의해야 한다고 주장했다. 리덩후이 같은 대만 본성인들은 1947년 2·28 사건을 계기로, 대만을 통치하던 국민당 정권을 자신들의 진정한 통치자가 아니라 '점령군'으로 인식하게 됐다.

2·28 사건이란 1947년 2월 27일 본성인 청년이 숨진 사건에서 시작된 본성인과 외성인 간의 갈등이다. 당시 타이베이에서 정부 전매 제품인 담배를 불법으로 몰래 팔던 한 노점상 여인이 단속 반원들에게 폭행을 당하자 주변 시민들이 과잉 단속이라며 항의를 했는데, 이 과정에서 무고한 청년이 숨졌다. 다음날 분노한 타이베이 시민들이 대규모 항의 시위를 벌였고 시위가 전국적으로 확산되자 국민당 당국은 계엄령을 내렸다. 이는 대만 역사상 가장 비극적인 대량 학살 사건으로 이어졌으며, 이 사건은 1987년 계엄령 해제 전까지 대만 사회에서 언급이 금지됐다.

대만과 대만인의 슬픈 역사를 가장 잘 보여 줬다고 평가받는 허우샤오셴 감독의 영화 <비정성시>(悲情城市, 1990년)에도 2·28 사건을 전후해, 대만 본성인이 대륙에서 온 외성인 점령자에게 느끼는 분노와 실망, 울분이 잘 묘사돼 있다. 영화 속에서 주인공 가족의 맏형은 이렇게 한탄한다.

"우리 대만인이 제일 불쌍해. 일본인과 대륙인에게 차례로 괴롭힘을 당하니 말이야."

1945년 일본의 패전으로 대만을 돌려받은 국민당 정부는 '조국의 품에 안겼다'고 기뻐했던 대만인들을 '상상 이상으로' 억압하고 탄압했다. 당시 대만 본성인들은 일본 식민지 시절이 더 좋았다고 말할 정도였다. 그들은 '일본 개가 물러가니 중국 돼지들이 몰려왔다'는 말을 은밀하게 퍼뜨리며, 새로운 점령자로 등장한 국민당 정부에 대한 배신감과 분노를 공유했다.

장징궈는 본성인과 외성인 간의 갈등을 종식하기 위해 리덩후이 같은 본성인 출신 엘리트를 정계로 발탁했고, 1987년에는 38년간 지속된 계엄령을 해제하는 등 각종 민주화 조처를 하며 대만 정치의 본토화를 추진했다. 1987년 7월 27일, 대만 본성인 출신 원로들을 초청한 만찬 자리에서 장징궈는 "나는 대만에서 이미 40년을 살아왔다. 나는 이미 대만인이 됐다."고 연설했다. 대만(본성)인들의 민심을 얻지 못하면 대만 정치가 안정될 수 없다고 판단했기 때문이다.

장징궈의 유화정책에 힘입어 본성인 출신으로는 최초

로 국민당 총통이 되고 대만 민주화 시대를 열었던 리덩후이는 1995년 덩리쥔의 장례식이 끝난 며칠 뒤인 6월 7일, 미국의 모교 코넬대학을 '개인 자격'으로 방문했다. 코넬대학 방문 연설에서 무려 17차례나 '대만 중화민국'을 언급한 것에서 드러나듯, 리덩후이는 대만의 정치적 실체를 국제사회에 알리고 인정받기 위해, 이른바 대만 문제의 국제화를 공공연히 모색했다.

차이잉원도 리덩후이가 발탁한 대만 본성인 정치인이다. 리덩후이의 뒤를 이어 2000년에 본성인 출신으로는 두 번째 총통이 된 민진당의 천수이볜과 역시 민진당 출신인 차이잉원(14~15대 총통)은 대만 정치의 탈중국화를 선언했고, 대대적인 교육과정 개편으로 '중국인 정체성' 교육이 아니라 '대만과 대만인의 정체성'을 가르치는 교육을 강화했다. 굳이 이런 교육정책의 변화가 아니더라도 1990년대 이후 민주화 물결을 타고 등장한 대만의 새로운 세대는 더 이상 본성인이냐 외성인이냐로 자신의 정체성을 규정하지 않고 '나는 대만인이다'라고 당당하게 외쳤다.

2022년도에 대만 정치대학 선거연구센터는 대만인의 정체성에 관한 설문 조사를 했다. 응답자의 약 64%가 자신들의 정체성을 중국인이 아니라 대만인으로 여긴다는 결과가 나왔다. 2.5% 정도만이 자신의 정체성을 중국인이라고 응답했다. 30.4%는 '대만인과 중국인 양쪽 정체성을 갖는다'고 응답했다. 1992년 같은 설문 조사에서는 약 18%가 자신의 정체성을 대만인이라고 응답했다. 참고로 2012년에는 54%였다.[62]

무엇이 그들을 '나는 대만인'이라고 응답하게 했을까. 언젠가는 '하나의 중국'이 될 수밖에 없으리라 여겨 왔던 수많은 대만인은 1997년 중국 회귀 이후 '망가져 가는' 홍콩을 보면서, 1945년 해방 뒤 일본 대신 새로운 점령자로 등장한 국민당 정권 계엄령하의 '백색공포 통치' 시절을 떠올렸을지도 모른다.

1983년 대만의 유명 가수 뤄다유는 <아시아의 고아>라는 노래를 발표했다. 당시 유엔에서도 쫓겨나고 모든 나라가 대만과의 단교를 선언하면서 졸지에 '아시아의 고아' 신세가 된 대만의 상황에 대한 노래다.

"아시아의 고아가 바람 속에서 울고 있다네. 노란 얼굴에는 붉은 흙탕물이 묻어 있고, 검은 눈동자에는 하얀 공포가 어려 있다네…. 아무도 너와 놀아 주려 하지 않는다네. … 사람들은 고아가 아끼는 장난감을 가지려 한다네. 그리고 묻는다네. 아가야, 넌 왜 우니…."

'중국몽'과 '미국몽' 사이에서

지금도 생생하게 기억난다. 2003년 10월 무렵, 다니던 학교에서 특강이 있었다. 그해 3월, 장쩌민의 뒤를 이어 이제 막 국가 주석이 된 후진타오 시대의 새로운 통치 이념에 대한 교육 특강이었다. 그날 강사로 나온 사람의 이름과 강의 내용은 전혀 기억나지 않지만, 그가 특강을 시작하면서 했던 첫 몇 마디는 아직도 생생하게 기억하고 있다.

1989년 6월 4일 천안문에서 일어난 정치 풍파[6·4 천안문 사건] 이후 중미 관계가 다시 차가워졌을 때 저는 속으로 좌절했습니다. 그 당시 저는 이미 미국에서 유학 비자를 받아 놓은 상태로 출국일을 얼마 남겨 두지 않았거든요. 천안문 정치 풍파 이후 미국에서 갖은 꼬투리를 다 잡아서 일부 중국 유학생들의 입국을 거절하고 관료와 학자들의 순수 교류도 단절시켰잖아요. 저는 우리 정부도 자국민의 미국 유학을 당분간 중단시킬 줄 알았습니다. 하지만 당시 영명하신 지도자 덩샤오핑은 미국 유학을 중단시키지도 않았고 미국인들의 입국을 거부하지도 않았습니다. 덕분에 저도 무사히 미국 유학을 떠날 수 있었고요. 그때서야 비로소 저는 중국 지도자들의 위대함과 사회주의 중국의 대국적 풍모를 깨달을 수 있었습니다.

내가 가장 인상 깊었던 대목은 그가 '그때서야 비로소' 깨달았다는 내용이다. 만일 당시 미국 유학의 꿈이 좌절되었더라면 그는 '중국의 대국적 풍모와 지도자들의 위대함'을 끝내 깨닫지 못할 뻔했다. 1989년 천안문 사건 이후 수많은 중국 청년들이 저마다 가슴에 한가득 미국몽을 품고 머나먼 태평양을 건너 미국으로 미국으로 갔다. 1990년대 중국 사회를 휩쓴 이른바 '출국열'(出國熱)은 미국으로의 유학과 이민 붐이 핵심이었다. 베이징 주재 미국 영사관 앞은 미국행 비자를 얻기 위한 중국인들의 행렬이 밤새도록 이어졌다. 19세기 말, 당시 망해 가는 청나라 시대에 수많은 중국인 '쿨리'(저임금 노동자를 지칭하던 당시 용어)들이 아메리칸 드림을 좇아 미국으로 갔듯이, 20세기 말 중국인들도 '꿈을 좇아' 미국으로 갔다.

1993년 중국에서 가장 인기를 끌었던 드라마 <뉴욕의 베이징인>은 음악가 부부가 뉴욕으로 이민을 가서 겪는 희로애락을 그린 내용으로, 당시 중국인들의 미국몽을 보여 준다. 드라마에는 이런 대사가 나온다.

"당신이 누군가를 사랑한다면 그를 뉴욕으로 보내세요. 그곳은 천국이기 때문입니다. 만일 당신이 누군가를 증오한다면 그를 당장 뉴욕으로 보내세요. 그곳은 또한 지옥이기 때문입니다."

그때도 그렇고 지금도 마찬가지로 중국인들에게 미국은 천국이자 지옥, 애증이 공존하는 '두 개의 미국'으로 인식되고 있다. 하지만 중국인들에게 미국은 원래 아주 오래전부터 '아름다운 나라'(美國)였다.

○ ○ ○

중국과 미국의 '첫 만남'은 1784년 2월 22일 미국 상선 '중국 황후호'가 광저우에 입항하면서부터다.

중국 황후호를 시작으로 수많은 무역선이 중국으로 향했다. 차, 비단, 도자기 같은 중국 상품이 미국 내에서 인기를 얻자 수입업자들은 막대한 수입을 올렸다. 중국은 꿈의 거래처였다. … 중국과 미국은 그렇게 처음 만났다. 그 만남은 미국인들이 중국에 다가온 결과였다.[63]

첫 만남 이후 중국과 미국은 제2차 세계대전 종전 때까지 비교적 '아름다운 관계'를 맺었다. 20세기 초 중화민국 시절부터 중국은 미국을 공식적으로는 '메이리젠 합중국'(美利堅合衆國)이라고 칭하지만, 보통 줄여서 '메이궈'(美國)라고 부른다. 한자로만 보자면 미국은 '아름다운 나라'다. 이렇게 부르는 데는 다 연유가 있다. 중국에게 미국은 역사적으로 '은인'이었기 때문이다.

19세기 말, 두 차례의 아편전쟁에서 모두 패배한 청나라는 당시 세계열강들의 먹잇감으로 만신창이가 되어 있었다. 그때 가장 '선한 의지'를 가지고 접근한 신생 강대국이 바로 미국이다. 1862년 7월 20일, 베이징에 입성한 미국의 첫 주중공사 안손 벌링게임은 영국·프랑스·독일 등 다른 열강의 중국 침략과 이권 쟁탈을 비난하며 중국 편에서서 '공정한 외교와 무역 활동'을 주장했다. 이에 감동받은 청나라 공친왕은 임기가 끝나 미국으로 돌아가려는 벌링게임에게 중국 측을 대표하는 해외 파견 외교사절단의 책임자를 맡아 달라고 요청했다. 중국의 근대적인 첫 해외 외교 행보가 미국인에 의해 시작되는 순간이었다.

벌링게임은 중국이 해외에 파견한 첫 번째 공식 외교 사절단 대표가 되었다. 그는 중국 황제의 국서를 들고 미국과 영국·프랑스·러시아 등지로 가서 '중국의 이익을' 대변하다가 1870년 방문지 러시아에서 폐렴에 걸려 죽었다. 미국에 '아름다울 미'를 붙인 것도 중국을 위해 헌신적으로 일하다가 병사한 벌링게임에게 감사하기 위해서였다는 해석도 있다. 벌링게임은 또한 미국 정부와 협상을 해서 그의 사후에 중국 역사상 최초로 120명의 유학생 선발대를 미국에 보내 공부하게 했고, 그들은 향후 미-중 민간 교류 분야에서 중요한 역할을 했다. 그러니 당시 망해 가던 중국에게 미국은 얼마나 '아름다운 나라'였겠는가.

1949년 마오쩌둥의 사회주의 신중국이 들어서고, 미-소 중심의 냉전 시대로 접어들면서 중국과 미국의 아름다운 관계도 막을 내렸다. 하지만 아이러니하게도, 마오쩌둥이라는 걸출한 중국 혁명가를 전 세계에 처음 알린 사람도 중국인이 아니라 미국인 기자 에드거 스노였다. 그는 마오쩌둥과 중국 공산당의 혁명 활동을 취재해서 쓴 『중국의 붉은 별』로 자신뿐만 아니라 마오를 유명하게 만들었다.*

마오쩌둥은 소련을 견제하기 위해 미국과의 관계를 개선하고 접촉하고자 했을 때도 에드거 스노를 이용했다. 1970년 10월 2일 『인민일보』는 가장 중요한 머리기사로, 마오쩌둥과 스노 부부가 천안문 성루에 올라 담화를 나누는 사진을 대문짝만하게 실었다. 그것은 미국에 보내는 신호였다. 하지만 양국 간에 흐르던 냉전의 빙하가 녹기 시작한 것은 그 후 1971년 4월 4일 우연히 만들어진 '아름다운 오해'에서 비롯되었다. 그 유명한 미-중 간의 핑퐁 외교다.

1971년 4월, 일본 나고야에서 열린 세계 탁구 선수권 대회에 참가했던 미국 선수 코언이 탑승 차량을 오해하는 바람에 중국 선수단 차량에 올라탔다. 『중국인과 미국인』을 쓴 홍콩대학 역사학과 쉬궈치 교수는 "중국은 이 아름다운 오해를 미-중 관계 개선의 기회로 붙잡았다."라고 표현했다.[64] 중국은 미국 탁구 선수 대표단을 1949년 이후 처음으로 초청했고, 약 2주일 뒤인 그해 4월 16일 미국 대통령 닉슨이 공개적으로 중국 방문을 원한다고 선언했다. 그리고 다음해인 1972년 2월 닉슨이 드디어 베이징을 방문하는 역사적인 순간이 마련됐다. 앞서 사전 준비를 위해

★ 에드거 스노의 무덤은 지금도 베이징대학의 호숫가 근처 작은 언덕 위에 있다.

중국을 방문한 키신저를 대면한 자리에서 마오쩌둥은 이런 말을 했다고 한다.

"나는 원래 좌파보다 우파를 좋아합니다."

'우파 미국'을 좋아한 중국은 1979년 1월 1일 미국과 정식으로 국교를 수립했다. 약 100여 년 전 '첫 만남'과는 달리, 이번에는 중국인들이 먼저 미국에 다가갔다.

베이징에 미국 대사관 문이 활짝 열리는 것과 동시에 중국은 냉전과 문화대혁명의 오랜 장막을 걷어 내고 세계를 향해 '오픈 더 도어'(문호개방) 정책을 시작했다. 하지만 양국 간에 더 이상 낭만적이고 순수한 '아름다운 시절'은 오지 않았다. 중국이 정치·경제적으로 굴기하기 시작하면서 민족주의가 얼굴을 드러내기 시작했다. '낙후되면 두들겨 맞는다'는 지난 100년간의 치욕의 역사를 되새기며 '중화 민족의 위대한 부흥'을 부르짖었다. 그와 동시에 미국을 향해 '노'라고 말하기 시작했다.

> 모든 중국인은 지금 '노'라고 말해야 한다. 지난 100년간의 치욕을 설욕해야 한다. 12억 중국인들은 미국 패권주의에 대해 다 같이 큰소리로 '노'라고 외쳐야 한다. 중국은 '노'라고 말할 수 있으며, 지금이 바로 그럴 때이다.[65]

1995년 중국 서점가를 강타한『노라고 말할 수 있는 중국』은 당대 중국 청년들의 '민족주의 선언서'였다. 1990년대 이후 베이징 미국 영사관 앞에는 유학과 이민 비자 신청을 위한 행렬이 끝도 없이 이어지는 '출국열'이 뜨거웠지만, 한편에서는 미국을 향해 '노라고 말할 수 있는' 분노한 청년들이 등장하기 시작한 것이다. 소설가이자 영화평론가인 다이진화는 이런 흐름을 "미국에 대해 상상했던 것들에 대한 낙담과 기대의 상실이 이런 민족주의적 분노로 나타난 것"이라고 분석했다. 중국인들이 미국에 대해 가지고 있는 막연한 호감과 동경과는 달리, 미국은 사사건건 중국에 시비를 걸고 훼방을 놓는다고 여겼기 때문이다.

　　애초에 중국에 대해 '선한 의지'를 가지고 접근했던 미국도 지금은 중국에 대해 '노'라고 말하기 시작했다. 현재 미-중 관계는 '결별' 수순을 밟고 있다는 분석이 곳곳에서 들려온다. 2020년 7월 23일, 폼페이오 미 국무장관은 캘리포니아 주에 있는 닉슨 도서관 앞에서 '닉슨이 시작했던 중국 포용 정책은 이미 실패했다. 미국과 동맹국들은 힘을 합쳐 중국 공산당 정권의 레짐 체인지(regime change, 정권 교체)를 이뤄야 한다.'는 요지의 연설을 통해 시진핑 정권을 강도 높게 비난했다. 폼페이오의 이날 연설은 '신(新)

철의 장막 연설'이라고 불렸다.

> 중국인들은 미국에 대해 복잡한 애증 감정을 가지고 있다. 미국의 대내 정치경제, 문화 등 방면에서 이룩한 성과에 대해서는 긍정적인 감정을 가지고 있는 반면, 미국의 대외 정책에서 보이는 행위에 대해서는 혐오와 증오의 감정을 가지고 있다.[66]

다시 말해 중국인들은 마음속에 선진국으로 대표되는 미국과, 패권주의로 대표되는 미국이라는 '두 개의 미국'에 대한 엇갈리는 애증 감정을 가지고 있다는 분석이다. 따라서 한편에서는 미국을 향해 '노'라고 말하면서도, 또 다른 한편에서는 『나는 하버드 대학생』, 『나는 열여섯 살에 미국에 갔다』 등 미국몽에 성공한 사람들의 책을 들고 미국 영사관 앞에 줄을 서서 미국행 비자를 기다리고 있다.

2019년 상영된 <할머니에게 알리지 마>(The Farewell)라는 영화는 미국에 사는 화교 손녀 가족이 암에 걸린 할머니를 보러 중국에 가서 일어나는 각종 에피소드를 그린다. 오랜만에 미-중 양국에 흩어져 살고 있는 전 가족이 모인 자리에서 주인공 손녀의 고모가 미국에서 세탁소를 하며 살고 있는 오빠네 가족에게 중국의 돈 자랑을 한다. 그동안 경제가 폭발적으로 발전해서 이제 중국인들은 미국인들보다 훨씬 더 잘 산다며 갖은 자랑을 늘어놓자, 미국 사는 올케가 마음이 상해 정곡을 찌르는 한마디를 한다.

"그런데 고모는 그렇게 돈이 많고 중국이 살기 좋은데 왜 조카를 자꾸 미국에 유학 보내려고 기를 쓰는 거예요?"

○ ○ ○

미국과 중국은 서로에게 '천국이자 지옥'이다. 가장 사랑하는 척하는 연인 사이였다가 또 어느 순간 가장 증오하는 척하는 적이 되기도 한다. 세계적인 국제정치학자인 미어샤이머의 분석처럼 중국이 어느 날 모든 분야에서 미국과 비등한 힘을 가졌을 때, 이 둘 사이에는 서로의 안보와 패권 우위를 지키기 위해 치고받고 싸우는, 이른바 '강대국 정치의 비극'이 일어날지도 모른다. 또 국제정치학자 박홍서가 펴낸 『미중 카르텔』이라는 책에서 주장하듯이 '갈등적 상호 의존을 전제로 하는 카르텔 관계'일지도 모른다. 천국과 지옥, 냉탕과 온탕, 열정과 냉정 사이를 수시로 왔다 갔다 하는 이 둘의 관계는 '영원한 수수께끼'다.

1972년 닉슨이 처음으로 베이징에 내려서 차를 타고 마오쩌둥을 만나러 이동하고 있을 때, 온 길거리에 "미 제국주의를 타도하자!"라는 구호가 나붙은 걸 봤다. 마오를 만난 자리에서 그 구호 얘기를 건네자 마오는 웃으며 이렇게 말했다.

"그건 그냥 빈말입니다."

그러자 옆에 있던 저우언라이 총리도 한마디 거들었다.

"우리는 맨날 미 제국주의 타도를 외치고, 당신들도 맨날 우리를 타도하자고 외치지 않습니까? 근데 우리가 언제 진짜로 싸웠나요?"[67]

미주

1_위화 지음, 김태성 옮김, 『사람의 목소리는 빛보다 멀리 간다』(문학동네, 2012), 36쪽(종이책).

2_叶兆言, 『关于厕所』(人民文学出版社, 2012).

3_<梁文道·八分>, 看理想(2019/02/27), https://www.xiaoyuzhoufm.com/podcast/5e2aaf88418a84a046546819.

4_朱炳旭译, 『拉班·扫马和马可西行记』(大象出版社, 2009).

5_史铁生, 『我与地坛』(人民文学出版社, 2011).

6_史铁生, 『我与地坛』, pp. 5-6.

7_王永斌, 『杂谈老北京』(中国城市出版社, 1999).

8_梁实秋, 『雅舍谈吃』(四川人民出版社, 2017).

9_『北京日报』(2020/07/08).

10_莫言, 『诺贝尔文学奖得主莫言散文全编』(浙江文艺出版社, 2020), p. 156.

11_莫言, 『诺贝尔文学奖得主莫言散文全编』, p. 157.

12_孙骁骥, 『购物凶猛: 20世纪中国消费史』(东方出版社, 2019), pp. 418-419.

13_「在延安文艺座谈会上的讲话」, <中国文明网>(2022/06/23), https://www.wenming.cn.

14_艾格尼丝·史沫特莱」, <百度百科>, https://mbd.baidu.com/ma/s/n4IkZL5o.

15_『上海青年报』(1956/01/10).

16_陈煜, 『中国生活记忆: 80年代』(中国轻工业出版社, 2014), p. 116.

17_陈煜,『中国生活记忆：80年代』, pp. 117-118.

18_张力奋,『牛津笔记』(学林出版社, 2020), p. 125.

19_레이 올든버그 지음, 김보영 옮김,『제3의 장소』(풀빛, 2019), 82쪽.

20_吴呈杰,「爱与孤独："假靳东"骗局里的女人们」, <谷雨实验室-腾讯新闻> (2020/10/19), https://weibo.com/ttarticle/p/show?id=2309404561714694717551.

21_吴呈杰,「爱与孤独："假靳东"骗局里的女人们」.

22_大前研一,『低欲望社会："丧失大志时代"的新·国富论』(上海译文出版社, 2018), p. 15.

23_알바 뮈르달, 군나르 뮈르달 지음, 홍재웅·최정애 옮김,『인구 위기』(문예출판사, 2023); Kris i befolkningsfrågan, Alva Myrdal och Gunnar Myrdal, Bonniers, 1934.

24_아니 에르노 지음, 정혜용 옮김,『한 여자』(열린책들, 2012), 20쪽.

25_아니 에르노,『한 여자』, 62쪽.

26_Ronald Takaki, *A Different Mirror: A History of Multicultural America* (Back Bay Books, 2008), pp. 61-82(킨들북).

27_베이다오 지음, 김태성 옮김,『내 유년의 빛』(한길사, 2017), 9쪽.

28_『中國靑年報』(2022/07/09).

29_刘虫虫,「燕郊30万人, 像蜷蚁爬向北京」, <微博>(2020/06/25).

30_道格·桑德斯 著, 陈信宏 译,『落脚城市：最后的人类大迁徙与我们的未来』(海译文出版社, 2012), pp. 9-10.; Doug Saunders, *Arrival City: How the Largest Migration in History Is Reshaping Our World*(Vintage; Reprint edition, 2012).

31_예브게니 자마찐 지음, 석영중 옮김,『우리들』(열린책들, 2009), 21쪽.

32_조세희,『난장이가 쏘아올린 작은 공』(가람기획, 2009), 267쪽(종이책).

33_조세희,『난장이가 쏘아올린 작은 공』, 291-292쪽(종이책).

34_「信访」, <百度百科> https://baike.baidu.com/item/%E4%BF%A1%E8%AE%BF/2706114?fr=ge_ala.

35_루쉰 지음, 정석원 옮김, 『아Q정전·광인일기』(문예출판사, 2013[2001]), 20쪽.

36_위화 지음, 백원담 옮김, 『인생』(푸른숲, 2007), 17쪽.

37_라오서 지음, 심규호·유소영 옮김, 『낙타샹즈』(황소자리, 2008), 201-202쪽.

38_올랜도 파이지스 지음, 조준래 옮김, 『혁명의 러시아 1891-1991』(어크로스, 2017), 259쪽.

39_왕스웨이 사건에 대한 글은 https://www.marxists.org/chinese/reference-books/yanan1942/5-06.htm 참조.

40_펑지차이 지음, 박현숙 옮김, 『백 사람의 십 년』(후마니타스, 2016, 종이책).

41_시오노 나나미 지음, 오정환 옮김, 『나의 친구 마키아벨리』(한길사, 1996), 131-132쪽(종이책).

42_멍레이·관궈펑·궈샤오양 엮음, 고상화 옮김, 『1942 대기근』(글항아리, 2013), 186쪽.

43_刘震云, 『温故1942』(长江文艺出版社, 2013).

44_https://mp.weixin.qq.com/s/i_SGBeQEZp7WczKjWLP1Aw.

45_요코야마 히데오 지음, 최고은 옮김, 『64』(검은숲, 2013).

46_요코야마 히데오, 『64』, 475-477쪽.

47_홍명교, 「중국인들이 백지 시위로 지키려는 '동포'엔 위구르족도 있을까」, 『한겨레』(2022/12/10).

48_罗志田, 『激变时代的文化与政治』(北京大学出版社, 2006), p. 32.

49_罗锦华堂, 「小粉红的本质就是极端民族主义」, <网易博客>(2020/11/29), https://m.163.com/dy/article/FSJQETOR0543QBLM.html.

50_옌롄커 지음, 김태성 옮김, 『나와 아버지』(자음과모음, 2011), 15쪽(종이책).

51_량치차오 지음, 이종민 옮김, 『신중국 미래기』(산지니, 2016), 15쪽.

52_량치차오, 『신중국 미래기』, 98-99쪽.

53_解璽璋, 『梁启超传』(化学工业出版社, 2018), p. 970.

54_김훈, 『남한산성』(학고재, 2007), 4쪽(종이책).

55_汪荣祖, 『追寻失落的圆明园』(外语教学与研究出版社, 2013), p. 383;
　　왕룽주 지음, 이정선·김승룡 옮김, 『잃어버린 낙원, 원명원』(한숲, 2015).

56_汪荣祖, 『追寻失落的圆明园』, pp. 368-376.

57_乔治·厄內斯特·莫理循, 李磊 译, 『1894, 中国纪行』(中华书局, 2017),
　　pp. 16-17.

58_조너선 스펜스 지음, 정영무 옮김, 『천안문』(이산, 1999).

59_莫理循, 『1894, 中国纪行』, p. 22.

60_西里尔·珀尔 著, 檀东鍉·窦坤 译, 『北京的莫理循』(福建教育出版社,
　　2003), pp. 126-127.

61_John King Fairbank, *China Watch*(Harvard University Press, 1987),
　　p. 37.

62_대만국립정치대학 선거연구센터 2022년도 여론조사.
　　https://zhongmei.report/zh/2023/04/11/yw-63105.

63_박홍서, 『미중 카르텔』(후마니타스, 2020), 31쪽(종이책).

64_徐国琦 著, 尤卫群 译, 『中国人与美国人: 一部共有的历史』
　　(四川人民出版社, 2019), pp. 339-340.

65_宋强·张藏藏·乔边, 『中国可以说不』(中国工商联合出版社, 1996), p. 301.

66_赵梅, 「中国人看美国」, 『美国研究』(中国社会科学研究所, 2001),
　　http://ias.cass.cn/lncgyj/201506/t20150619_2693317.shtml.

67_<中国共产党新闻网>(2018/12/27), https://cpc.people.com.cn/n1/
　　2018/1227/c223633-30491650.html?ivk_sa=1024320u